XINZHI SHENGCHANLI 50WEN

新质生产力50问

姚建明 ◎ 编

中国工人出版社

图书在版编目（CIP）数据

新质生产力50问 / 姚建明编. —北京：中国工人出版社，2024. 6.
— ISBN 978-7-5008-8462-0

Ⅰ. F120.2

中国国家版本馆CIP数据核字第2024FK7263号

新质生产力50问

出 版 人	董 宽
责任编辑	丁洋洋
责任校对	张 彦
责任印制	栾征宇
出版发行	中国工人出版社
地 址	北京市东城区鼓楼外大街45号 邮编：100120
网 址	http://www.wp-china.com
电 话	（010）62005043（总编室） （010）62005039（印制管理中心） （010）62379038（职工教育编辑室）
发行热线	（010）82029051 62383056
经 销	各地书店
印 刷	三河市国英印务有限公司
开 本	787毫米×1092毫米 1/32
印 张	5.875
字 数	71千字
版 次	2024年7月第1版 2025年9月第2次印刷
定 价	24.00元

本书如有破损、缺页、装订错误，请与本社印制管理中心联系更换

目录

CONTENTS

第一部分 认识与发展新质生产力

第二部分 新质生产力与中国式现代化和高质量发展

第三部分 新质生产力与新兴产业、未来产业发展

第四部分 新质生产力与数字经济创新发展

第五部分 新质生产力与美丽中国建设

第一部分

认识与发展新质生产力

01 新质生产力提出的背景是什么？

1949 年中华人民共和国成立后，经过几代人的共同努力，特别是改革开放以后翻天覆地的变化，中国取得了举世瞩目的发展成就。

近年来，随着国际局势的变化以及人口等因素的影响，全球发展格局正经历着前所未有的变革。这对我国的经济社会发展也产生了一定的影响。因此，我们需要探索新的“动能”来撬动经济社会的持续高质量发展。

党的十八大以来，我们提前对新形势下的经济社会发展进行了谋篇布局，如大力发展战略性新兴产业、推进新型基础设施建设、推动数字经济发展和数字中国建设等。这些重大的战略举措已经在本质上将“创新引领”这一核心理念深刻融入其中。在数字经济已成为中国稳增长促转型的重要引擎的同时，我们在技术突破以及生产要素配置方面也取得了一定成果，特别是在新型基础设施建设等资源配置方面，我们走在了世界的前列。

可以看出，新技术的积累和突破以及生产要素的创新配置为产业的转型发展带来了新的机遇。经过多年的积累和发展，我们在新旧生产方式交替和转变的关键历史阶段，有能力去迎接新旧动能转换带来的挑战。这个历史阶段的三个显著特征就是技术的革命性突破、生产要素的创新性配置以及产业的深度转型升级。传统的以资源和劳动力消耗型为主的经济增长方式以及与之相匹配的生产力发展路径在当前环境和形势下已经不再适应，需要新的生产力理论对新的生产方式进行指引。因此，新质生产力理论的提出是历史发展的必然选择。

正如习近平总书记指出："高质量发展需要新的生产力理论来指导，而新质生产力已经在实践中形成并展示出对高质量发展的强劲推动力、支撑力，需要我们从理论上进行总结、概括，用以指导新的发展实践。""发展新质生产力是推动高质量发展的内在要求和重要着力点，必须继续做好创新这篇大文章，推动新质生产力加快发展。”

02 什么是新质生产力，如何理解其意义与价值？

习近平总书记指出：“概括地说，新质生产力是创新起主导作用，摆脱传统经济增长方式、生产力发展路径，具有高科技、高效能、高质量特征，符合新发展理念的先进生产力质态。它由技术革命性突破、生产要素创新性配置、产业深度转型升级而催生，以劳动者、劳动资料、劳动对象及其优化组合的跃升为基本内涵，以全要素生产率大幅提升为核心标志，特点是创新，关键在质优，本质是先进生产力。”这一重要论述，深刻指明了新质生产力的特征、基本内涵、核心标志、特点、关键、本质等基本理论问题，为我们准确把握新质生产力的科学内涵提供了根本遵循。

生产力是人类征服和改造自然的能力。人类的任何改造和利用自然的活动都是生产力与生产关系相结合的产物。经济社会发展的转型活动要想做好，生产力中的三要素（劳动者、劳动对象以及劳动资料）的配置状况、水平及其之间的关系必须清晰、合理。因此，在新时代的新环境下，我们在推进经济社会全面高质量发展、实现用新的科学技术（如数字技术等）全方位赋能经济、政治、社会、文化、生态文明建设等活动时，必须对传统的生产力要素进行变革和跃升，对传统的生产关系进行调整。新质生产力在根本上对新时代生产力要素如何实现合理的跃升、配置与优化指明了方向。

新质生产力的核心是“创新引领”。在新质生产力理论指引下，更好地实现各行各业各活动中劳动者、劳动资料、劳动对象及其优化组合的跃升。比如，原来的普通劳动者通过跃升为懂技术、懂管理的高素质复合型数字素养人才来提升工作效能；原来各行各业的劳动资料（如仪器、设备、工具、管理软件等）将通过科技创新与数字技术赋能的跃升更好地助力各行各业各主体的发展，实现提质、增效和降本的目的；原来的传统行业领域（劳动对象）也将在新时代下迎来新旧模式转换的交替，在数字技术如“人工智能+”等的赋能下，传统的农业、工业、服务业将跃升为智慧农业、智慧工业、智慧服务业，在给人们的生产生活带来极大便利的同时也带来新的发展契机、新的经济增长点及新的就业机会等，而具有保障国家安全功能和支撑长远发展的战略性新兴产业和未来产业等领域也将在新质生产力的推动下迎来新的发展机遇，成为引领经济增长新的发展极。

对新质生产力的要点把握主要有以下几个方面：

一、新质生产力的三个催生因素：技术革命性突破、生产要素创新性配置、产业深度转型升级。

二、新质生产力的三个特征：高科技、高效能、高质量。

三、新质生产力的核心标志：全要素生

产率大幅提升。

四、新质生产力的特点：创新。

五、新质生产力的关键：质优。

六、新质生产力的本质：先进生产力。

七、发展新质生产力要实现两个摆脱：摆脱传统经济增长方式、摆脱传统生产力发展路径。

八、发展新质生产力要让生产力三要素实现跃升：劳动者跃升为更高素质的劳动者、劳动资料跃升为更高技术含量的劳动资料、劳动对象跃升为更广范围的劳动对象。

九、发展新质生产力不是忽视、放弃传统产业，而是用新技术改造提升传统产业，积极促进产业高端化、智能化、绿色化。

十、发展新质生产力要实现教育、科技、人才三要素良性循环。

十一、发展新质生产力要深化经济体制、科技体制等改革，着力打通束缚新质生产力发展的堵点卡点。

03 为什么要发展新质生产力？

发展新质生产力是应对当前和未来经济社会发展挑战的关键举措，其重要性体现在以下五个方面。

一、发展新质生产力是推动经济社会高质量发展的必然要求。传统生产力模式在资源利用、环境保护和效率提升等方面面临诸多挑战，而新质生产力通过科技创新和产业升级，能够实现更高效、更环保、更可持续的生产方式，为经济社会高质量发展提供有力支撑。

二、发展新质生产力有助于提升国际竞争力。在全球经济一体化深入发展的背景下，国际竞争日趋激烈。发展新质生产力，有助于我国在关键领域和核心技术上取得突破，形成具有自主知识产权和核心竞争力的产业体系，从而在国际市场上占据更有利的位置。

三、发展新质生产力有助于激发创新活

力。新质生产力的发展离不开科技创新和人才支持。通过加大科研投入、优化创新环境、完善人才培养机制等措施，可以激发全社会的创新活力，为经济发展注入新的动力。

四、发展新质生产力有助于推动产业结构优化升级。新质生产力的发展往往伴随着新兴产业的崛起和传统产业的改造升级。这不仅可以提高产业的整体素质和竞争力，还可以为经济发展注入新的增长点。

五、发展新质生产力是实现可持续发展的重要途径。通过推动绿色技术创新和循环经济发展，新质生产力有助于降低资源消耗、减少环境污染、提高资源利用效率，从而实现经济、社会和环境的协调发展。

因此，发展新质生产力对于推动我国经济社会持续健康发展具有重要意义。应该加强政策引导和支持，营造良好的创新环境，推动新质生产力的快速发展。

04 如何因地制宜发展新质生产力?

习近平总书记指出:“发展新质生产力不是忽视、放弃传统产业,要防止一哄而上、泡沫化,也不要搞一种模式。各地要坚持从实际出发,先立后破、因地制宜、分类指导,根据本地的资源禀赋、产业基础、科研条件等,有选择地推动新产业、新模式、新动能发展,用新技术改造提升传统产业,积极促进产业高端化、智能化、绿色化。”因地制宜发展新质生产力需要综合考虑各地的资源禀赋、产业基础、人才储备以及市场需求等多方面因素。具体来讲要关注以下几个方面。

一、深入调研与评估。对当地的资源、产业、人才和技术水平进行深入调研和评估。了解当地的产业结构、竞争优势和短板,明确发展新质生产力的方向和重点。

二、优化产业布局。根据当地的资源禀赋和产业基础,优化产业布局,推动产业集聚和协同发展。对具有优势的传统产业，可以通过技术升级和改造，提升其附加值和竞争力；对新兴产业和未来产业，需要加大培育力度，推动其快速成长。

三、强化创新驱动。因地制宜地发展新质生产力，关键是要强化创新驱动。注重加强与高校、科研机构的合作，引进和培育高层次人才，推动产学研深度融合。鼓励企业加大研发投入，提升自主创新能力。

四、完善政策体系。政府要制定和完善相关政策，为新质生产力的发展提供有力保障。包括财税优惠、金融支持、人才引进和培育等方面的政策，以激发企业和个人的创新活力。

五、加强基础设施建设。基础设施建设是新质生产力发展的重要支撑。加大对交通、通信、能源等基础设施的投入，提升基础设施的现代化水平，为新质生产力的发展创造良好条件。

六、推动绿色发展。在发展新质生产力

的过程中，要注重环境保护和可持续发展。要推动绿色技术创新，发展循环经济，降低资源消耗和环境污染，实现经济效益和社会效益的双赢。

七、加强区域合作与交流。加强与周边地区的合作与交流，共同推动新质生产力的发展。可以通过产业协作、技术转移、人才交流等方式，实现资源共享和优势互补，推动区域经济的协同发展等。

总之，因地制宜发展新质生产力需要综合考虑多方面的因素，制定符合当地实际的发展战略和政策措施。只有这样，才能有效推动新质生产力的发展，为当地经济的持续健康发展注入新的动力。

05　新质生产力有哪些核心要素？

习近平总书记指出："科技创新能够催生新产业、新模式、新动能，是发展新质生产力的核心要素。必须加强科技创新特别是原创性、颠覆性科技创新，加快实现高水平科技自立自强，打好关键核心技术攻坚战，使原创性、颠覆性科技创新成果竞相涌现，培育发展新质生产力的新动能。要及时将科技创新成果应用到具体产业和产业链上，改造提升传统产业，培育壮大新兴产业，布局建设未来产业，完善现代化产业体系。要围绕发展新质生产力布局产业链，提升产业链供应链韧性和安全水平，保证产业体系自主可控、安全可靠。要围绕推进新型工业化和加快建设制造强国、质量强国、网络强国、数字中国和农业强国等战略任务，科学布局科技创新、产业创新。要大力发展数字经济，促进数字经济和实体经济深度融合，打造具有国际竞争力的数字产业集群。”除了科技创新这一核心要素之外，发展新质生产力还需要考虑如下重要因素。

一、产业转型升级。产业结构的升级和优化是新质生产力的重要组成部分。随着科技进步和市场需求的变化，新兴产业不断兴起，传统产业需要通过技术改造和创新来实现转型升级。

二、高素质人才。人才是新质生产力发展的关键因素。培养具备创新意识和创新能力的高素质人才，能够为科技创新和产业升级提供有力的支持。

三、市场需求。市场需求是新质生产力发展的导向。紧密关注市场需求的变化，根据市场需求调整生产结构和产品创新方向，能够使新质生产力更好地适应市场需要。

四、资本投入。资本是新质生产力发展的重要保障。足够的资本投入可以支持科技创新、人才培养、产业升级等各个环节，为新质生产力的发展提供必要的物质条件。

五、信息技术。信息技术是新质生产力的关键基础设施。它包括大数据、云计算、人工智能、物联网等前沿技术，能够提升生产效率、优化资源配置、促进产业协同，为新质生产力的发展提供强大的技术支撑。

六、制度创新。制度创新能够为新质生产力的发展提供有力保障。通过改革和完善现有的体制机制，激发创新活力，优化资源配置，为新质生产力的发展创造良好环境，等等。

总之，新质生产力的核心要素是科技创新。与科技创新紧密相关的要素还包括产业转型升级、高素质人才、制度创新、市场需求、资本投入以及信息技术等多个方面。这些要素相互关联、相互作用，共同推动新质生产力的发展。

06 为什么新质生产力本身就是绿色生产力?

习近平总书记指出:“绿色发展是高质量发展的底色,新质生产力本身就是绿色生产力。必须加快发展方式绿色转型,助力碳达峰碳中和。牢固树立和践行绿水青山就是金山银山的理念,坚定不移走生态优先、绿色发展之路。加快绿色科技创新和先进绿色技术推广应用,做强绿色制造业,发展绿色服务业,壮大绿色能源产业,发展绿色低碳产业和供应链,构建绿色低碳循环经济体系。持续优化支持绿色低碳发展的经济政策工具箱,发挥绿色金融的牵引作用,打造高效生态绿色产业集群。同时,在全社会大力倡导绿色健康生活方式。”

新质生产力本身就是绿色生产力,这是因为:新质生产力强调创新性和高效性,这种创新不仅包括技术创新,还涉及制度创新和管理创新。在技术创新方面，新质生产力注重绿色技术的研发和应用，通过节能减排、资源循环利用等手段，实现生产过程的绿色化。在制度创新和管理创新方面，新质生产力推动形成绿色发展的制度环境和管理体系，确保经济活动在环境友好的前提下进行；新质生产力的发展引领产业结构调整和经济发展方向。它推动传统产业向绿色化、低碳化方向转型，同时培育和发展新兴产业和未来产业，形成绿色、低碳、循环的经济体系。这种产业结构的调整和发展方向的转变，有助于减少对环境的破坏，实现经济社会的可持续发展；新质生产力强调多领域、多技术的交叉融合，如信息化与工业化的深度融合，形成新的生产力。这种融合不仅提高了生产效率，也促进了资源的节约和环境的保护。例如，通过数字技术的应用，可以实现生产过程的智能化和精准化，减少资源浪费和环境污染；新质生产力的发展符合绿色发展的理念。它关注人与自然的和谐共生，推动形成绿色生产方式和生活方式。新质生产力的发展不仅关注经济增长的数量，更关注经济增长的质量，追求经济效益、社会效益和环境效益的协调统一。

总之，新质生产力本身就是绿色生产力，它通过创新、高效、智能、融合等特征，推动形成绿色发展的经济体系和社会环境。在推动经济社会发展的同时，新质生产力也注重环境保护和可持续发展，实现人与自然的和谐共生。

07 与新质生产力相适应的新型生产关系是什么？

习近平总书记强调："生产关系必须与生产力发展要求相适应。发展新质生产力，必须进一步全面深化改革，形成与之相适应的新型生产关系。要深化经济体制、科技体制等改革，着力打通束缚新质生产力发展的堵点卡点，建立高标准市场体系，创新生产要素配置方式，让各类先进优质生产要素向发展新质生产力顺畅流动。同时，要扩大高水平对外开放，为发展新质生产力营造良好国际环境。"

生产关系的调整必须与生产力的进步相适应。与新质生产力相适应的新型生产关系是注重效率、公平和可持续性的生产关系。首先，新型生产关系应该强调资源的高效配置和利用。新质生产力往往以科技创新为驱动，推动产业结构的优化和升级。因此，新型生产关系需要构建灵活高效的资源配置机制，确保资源能够流向创新能力强、生产效率高的领域和企业，实现资源的最大化利用。其次，新型生产关系应该注重公平和共享。在新质生产力的发展过程中，应该避免资源的过度集中和贫富差距的扩大。新型生产关系应该建立公平竞争的市场环境，保障劳动者的权益，推动社会公平正义的实现。同时，还应该通过税收、社会保障等手段，实现社会财富的公平分配和共享。最后，新型生产关系应该体现可持续性原则。新质生产力的发展应该以保护生态环境为前提，实现经济、社会和环境的协调发展。因此，新型生产关系需要建立绿色发展的长效机制，推动循环经济和低碳经济的发展，减少对环境的负面影响，实现可持续发展。

总之，与新质生产力相适应的新型生产关系是高效、公平、可持续的生产关系，能够促进资源的优化配置，保障社会公平正义，能够充分释放新型生产力的潜能并推动经济社会的持续健康发展。

08 发展新质生产力需要培养什么样的人才?

习近平总书记强调："要按照发展新质生产力要求，畅通教育、科技、人才的良性循环，完善人才培养、引进、使用、合理流动的工作机制。要根据科技发展新趋势，优化高等学校学科设置、人才培养模式，为发展新质生产力、推动高质量发展培养急需人才。要健全要素参与收入分配机制，激发劳动、知识、技术、管理、资本和数据等生产要素活力，更好体现知识、技术、人才的市场价值，营造鼓励创新、宽容失败的良好氛围。"

发展新质生产力需要培养具备创新思维和创新能力的人才。要为生产力的跃升注入源源不断的创新能量。要敢于颠覆陈规，敢于探索未知，能敏锐捕捉市场脉动和技术风向，提出具有前瞻性的创新构想。能将创新思维切实转化为实际成果，通过不断试错、持续优化，催生新技术、新产品、新业态的蓬勃发展。

发展新质生产力要致力于培养具备卓越团队合作和领导能力的人才。不仅要具备扎实的专业知识，更应擅长引领团队高效合作，共同迎接复杂多变的挑战。应怀有强烈的团队精神，善于倾听各方意见、协调资源，以实现共同目标。要具备卓越的领导才能，能够敏锐地洞察市场动向，制定明智的发展战略，并激励团队不断创新，推动生产力的稳步提升。

发展新质生产力要培养具备高尚道德素养和坚实法律意识的人才。应恪守职业道德，尊重他人劳动成果，诚信经营，不唯上、不唯书、只唯实。应具备深厚的法律素养，熟悉并掌握相关法律法规，确保在创新发展的道路上始终遵循法治原则，不触碰法律红线。

总之，发展新质生产力要培养具备多种能力的高素质人才，要有强烈的创新意识和创新能力，具备专业知识、技能和法律意识，具备跨界整合能力和国际化视野，具备持续学习能力，等等。这将成为推动新质生产力发展的重要力量。

09 什么是发展新质生产力的核心关键要领？

发展新质生产力的核心关键要领在于科技创新。科技创新能够催生新产业、新模式、新动能，是发展新质生产力的核心要素。

在各种经济时代中，生产力先进与否的区别不在于生产什么，而在于怎样生产，在于什么样的劳动者用什么样的劳动资料通过改造什么样的劳动对象来进行生产。科技创新的本质在于建立一种新的生产函数，将生产要素和生产条件的“新组合”引入生产体系，进而创造出更多的新兴产业或未来产业，同时通过不断创新提升传统产业的改造升级。

在发展新质生产力过程中，要将科技创新充分体现到生产力三要素的改造和跃升上，即劳动者、劳动资料以及劳动对象的改造和跃升上。例如，原来的普通劳动者通过科技创新赋能跃升为懂技术、懂管理的高素质复合型人才来提升工作效能；原来各行各业的劳动资料（如仪器、设备、工具、管理软件等）将通过科技创新赋能的跃升更好地助力各行各业各主体的发展，实现提质、增效和降本的目的；原来传统的农业、工业、服务业等行业领域（劳动对象）也将在数字技术、“人工智能+”等科技创新的赋能下跃升为智慧农业、智慧工业、智慧服务业、新兴产业及未来产业等，在给人们的生产生活带来极大便利的同时也带来新的发展契机和新的增长点；等等。同时，也要通过科技创新来赋能生产关系的改善和调整。

同时，为了更好地实现科技创新，还需要在人才培养、政策支持、市场环境和国际合作等方面下足功夫。如通过培养和引进高层次人才，为科技创新提供智力支持；通过制定和实施相关政策，为新质生产力的发展提供有力的政策保障；通过优化市场环境，激发创新活力，推动新质生产力的快速发展；通过加强国际合作，共享创新资源，提升新质生产力的国际竞争力；等等。

科技创新不仅是发展新质生产力的核心关键要领，也是推动社会进步和经济社会高质量发展的重要力量。只有不断加强科技创新，才能不断推动新质生产力的发展，为经济增长注入新的动力和活力。

10 如何把握发展新质生产力的主要路径？

发展新质生产力要把握新趋势、抓住新的历史机遇，需要从以下方面综合考虑。

一、强化科技创新引领。科技创新能够催生新产业、新模式、新动能，是发展新质生产力的核心要素。要加大对基础研究和应用研发的投入，提升原始创新能力，加快科技成果转化应用。特别是要在关键领域和核心技术上取得突破，推动产业链向高端延伸，形成具有自主知识产权和核心竞争力的新质生产力。

二、推动科技自立自强。我国科技事业经历了从“跟跑”到“并跑”再到“领跑”的跨越式发展，充分展示了科技自立自强的决心与实力。面对部分领域存在的技术瓶颈，我们更需要加快实现高水平的科技自立自强，为新质生产力的发展提供持续的动力。要实现科技成果转化和应用，推动创新创业深度融合，畅通技术转化通道，推动创新活动有序进行，增加高质量创新供给，培育新的市场需求。

三、加快推进数字化转型。数字技术在培育和发展新质生产力过程中扮演着举足轻重的角色。数字技术正在重塑各行各业的运作模式，引领着新一轮的技术变革和产业创新。通过深化数字技术与实体经济的融合，可以推动新业态、新模式和新产业的涌现，为新质生产力的发展注入新的活力。

四、优化人才结构。要构建适应新质生产力发展的人才体系，加强高层次人才和创新团队的引进和培养，提升劳动者的素质和技能水平。要完善人才激励机制，激发人才的创新活力和创造潜能。

五、深化体制机制改革。要打破制约新质生产力发展的体制机制障碍，推动科技创新与产业创新深度融合。要深化科技体制改革，完善科技创新体系，优化创新资源配置。

要推动产业结构优化升级，培育壮大新兴产业和未来产业。

六、加强国际合作与交流。要加强与国际先进水平的对接与合作，引进吸收国外先进技术和管理经验，推动国内新质生产力的快速发展。同时，也要积极参与全球创新治理，推动形成开放、合作、共赢的创新生态。

七、推动绿色可持续发展。新质生产力的发展应坚持绿色、低碳、循环的原则，推动经济发展与环境保护相协调。要加强生态环境保护，推动绿色技术创新和绿色产业发展，实现经济效益、社会效益和环境效益的有机统一。

总之，发展新质生产力需要在多方面共同发力，通过这些措施的实施，可以有效推动新质生产力的发展，为经济增长注入新的动力。

11 发展新质生产力对体制机制提出什么新的要求？

发展新质生产力对体制机制提出了以下新的要求。

一、要深化和完善市场体制机制。通过建立健全公平竞争的市场环境，打破行政性垄断和市场壁垒，健全要素市场化配置机制，加快完善产权保护、市场准入、公平竞争、社会信用等市场经济基础制度，推动各类生产要素在市场中的自由流动和高效配置。加强市场监管，维护市场秩序，为新质生产力发展提供有力的制度保障。激发市场主体活力，完善所有制体制，优化收入分配机制，完善生产要素分配机制，确保劳动、资本、土地、知识、技术、数据等要素合理流动和配置。

二、要深化科技体制改革，增强创新原动力。科技创新是发展新质生产力的核心，企业是科技创新的主体。需要聚焦创新的全过程，优化科技管理体制机制，构建市场导向的科技成果转化机制，健全科技服务综合体工作机制。这将有助于打通产学研创新链、产业链、价值链，形成科技创新与产业发展的良性循环。

三、要完善人才体制机制。要畅通教育、科技、人才的良性循环，完善人才培养、引进、使用、合理流动的工作机制。加强教育体系建设，提升人才培养质量。推进人才管理体制改革、改进人才培养和评价机制、健全人才顺畅流动机制以及强化人才创新创业激励机制，吸引更多优秀人才投身科技创新事业。完善人才激励机制，激发人才的创新创造活力。

四、要构建更高水平开放型经济新体制，提升全球先进生产要素配置能力。发展新质生产力需要充分利用国际市场和资源，要扩大高水平对外开放，实行高水平贸易和投资自由化便利化政策，推动制度型开放，打造更为完备的开放平台体系。

五、要加强国际合作与交流，推动形成开放、合作、共赢的创新生态。通过加强与国际先进水平的对接与合作，引进吸收国外先进技术和管理经验，推动国内新质生产力的快速发展。

总之，发展新质生产力对体制机制提出了新的要求，包括深化和完善市场体制机制、深化科技体制改革增强创新原动力、完善人才体制机制、建立更加灵活高效的科技创新体制机制、构建更高水平开放型经济新体制、加强国际合作与交流机制等。这些机制体制的建立将为推动新质生产力的发展奠定良好的基础。

第二部分

新质生产力与中国式现代化和高质量发展

12 新质生产力为什么是实现中国式现代化的基础？

党的二十大报告指出，在新中国成立特别是改革开放以来长期探索和实践基础上，经过党的十八大以来在理论和实践上的创新突破，我们党成功推进和拓展了中国式现代化。中国式现代化是中国共产党领导的社会主义现代化，既有各国现代化的共同特征，更有基于自己国情的中国特色，中国式现代化是人口规模巨大的现代化、全体人民共同富裕的现代化、物质文明和精神文明相协调的现代化、人与自然和谐共生的现代化、走和平发展道路的现代化。发展新质生产力是实现中国式现代化的基础，这是因为：

一、中国式现代化离不开全体人民的共同富裕，离不开物质文明和精神文明的充分发展，离不开经济社会高质量发展的支撑，离不开科技创新的引领。新质生产力的核心是科技创新，代表了高效高质利用资源的能力，这种能力对于推动经济发展和社会进步具有重要作用。通过创新引领和科技驱动，新质生产力能够不断释放新的动能，为中国式现代化提供强大的财富创造能力和持续的发展动力。

二、新质生产力的提出有助于我国抓牢新一轮科技革命机遇，推动新兴产业、未来产业发展。这不仅能够提升我国的国际竞争力，还能够促进经济的高质量发展。同时，新质生产力还有助于形成新的业态和生产方式，推动各产业的融合发展，进而为高质量推进中国式现代化提供可行指南。

三、新质生产力也是实现中国式现代化的重要支撑。在新质生产力的推动下，我国可以加快转变经济发展方式，推动产业结构优化升级，培育新的经济增长点。同时，新质生产力还有助于提高全要素生产率，增强经济发展的质量和效益。这些都有利于实现中国式现代化的宏伟目标。

13 新质生产力为什么是实现经济社会全面高质量发展的基础？

党的二十大报告指出，高质量发展是全面建设社会主义现代化国家的首要任务。发展是党执政兴国的第一要务。没有坚实的物质技术基础，就不可能全面建成社会主义现代化强国。必须完整、准确、全面贯彻新发展理念，坚持社会主义市场经济改革方向，坚持高水平对外开放，加快构建以国内大循环为主体、国内国际双循环相互促进的新发展格局。发展新质生产力是实现经济社会全面高质量发展的基础，这是因为：

一、新质生产力具有创新性。这种创新性不仅体现在科技创新上，还体现在制度创新、管理创新等多个层面。这些创新活动是推动经济社会发展的重要动力，有助于打破旧有的生产方式和经济模式，为高质量发展注入新的活力。

二、新质生产力强调高效性。通过引入新的科学技术、生产工具和生产方式，新质生产力能够大幅度提高全要素生产率，能够更好地优化资源配置，降低生产成本、提升质量和效益。这种高效性使经济社会发展能够在更短的时间内取得更大的成果，进而推动经济社会全面高质量发展。

三、新质生产力具有引领性。新质生产力的发展能够引领产业结构调整和经济发展方向，推动社会全面进步。在新质生产力的推动下，传统产业得以升级转型，新兴产业和未来产业得以快速发展，从而构建起更加健康、更加均衡的产业结构，为经济社会全面高质量发展提供有力支撑。

四、新质生产力具有融合性。在新质生产力的推动下，各行各业各领域的交叉融合变得更加可行，如信息化与工业化的深度融合，数字化与实体经济的深度融合等，这种融合有助于形成新的生产力形态，推动经济社会全面进步。

总之，新质生产力具有一系列新的重要特征，为经济社会全面高质量发展奠定了坚实的基础，未来应加快推动新质生产力发展。

14 打造现代化产业体系为什么离不开新质生产力?

党的二十大报告指出，建设现代化产业体系，要坚持把发展经济的着力点放在实体经济上，推进新型工业化，加快建设制造强国、质量强国、航天强国、交通强国、网络强国、数字中国；要通过实施产业基础再造工程和重大技术装备攻关工程，支持专精特新企业发展，推动制造业高端化、智能化、绿色化发展；要巩固和提升我国产业体系完整的独特优势，巩固普通消费品、工业原材料、一般机电产品等传统优势产业的领先地位，同时在半导体、软件、先进材料和关键装备等关系安全发展的领域加快补齐短板，提升能源、重要矿产等战略性资源的供应保障能力，努力实现产业链、供应链的自主可控、安全高效。要着眼未来发展，把握战略性新兴产业发展机遇和产业升级方向，在新一代信息技术、人工智能、生物技术、新能源、新材料、高端装备、绿色环保等领域构建新的增长引擎。要大力发展设计、专利、品牌、物流、法律、金融等现代服务业，通过与先进制造业和现代农业融合发展提升产业体系整体质量和效率，形成一、二、三产业协同发展的良好格局。

打造现代化产业体系离不开新质生产力发展，这是因为：

一、新质生产力是推动产业创新和升级的关键动力。新质生产力具有高科技、高效能、高质量的特征，它代表着先进生产力的质态，能够摆脱传统经济增长方式和生产力发展路径的限制。在现代化产业体系的构建过程中，新质生产力通过推动科技创新和产业升级，能够显著提高产业的附加值和竞争力。

二、新质生产力有助于优化资源配置和实现可持续发展。现代化产业体系不仅强调经济效益，还注重社会效益和环境效益的统一。新质生产力通过促进资源的优化配置，能够提高资源利用效率，降低环境污染，实现经济的可持续发展。

三、新质生产力是实现中国式现代化和高质量发展的重要基础。中国式现代化包括科学技术的现代化，以及其他方面的现代化，如工业、农业、服务业、国防等，通过发展新质生产力，可以推动各方面的现代化进程，实现经济社会的全面进步。

15 实现产业链供应链的安全稳定与优化升级有什么重要意义？

实现产业链供应链的安全稳定与优化升级是增强我国产业国际竞争力、应对风险挑战和维护经济安全的必然要求，具有重要的意义：

一、产业链供应链的安全稳定是构建新发展格局的基础。在全球化背景下，产业链供应链的稳定运行对于保障国家经济安全至关重要。通过加强产业链供应链的自主可控性，可以降低外部风险对国内经济的影响，确保国家经济安全稳定发展。

二、优化升级产业链供应链是提升产业竞争力的关键。通过推动产业链供应链的数字化、智能化和绿色化转型，可以提高生产效率和产品质量，降低成本，增强产业的国际竞争力。同时，优化升级还有助于推动产业向高端、高附加值方向发展，实现产业升级和转型。

三、实现产业链供应链的安全稳定与优化升级对于促进经济社会高质量发展具有重要意义。通过优化资源配置，提高生产效率，可以降低能耗和排放，推动经济向绿色、低碳、可持续发展方向转变。

四、实现产业链供应链的安全稳定与优化升级也是应对国际经济环境变化的重要举措。在全球经济不确定性和风险挑战增多的背景下，通过加强产业链供应链的韧性和灵活性，可以更好地应对外部冲击和风险挑战。

16 为什么要加强重点行业的统筹布局和投资引导？

政府工作报告指出，要鼓励发展创业投资、股权投资，优化产业投资基金功能。加强重点行业统筹布局和投资引导，防止产能过剩和低水平重复建设。加强重点行业的统筹布局和投资引导具有重要意义，这是因为：

一、重点行业通常是国民经济的支柱产业，对国家经济增长、就业和社会稳定、国家安全具有关键的影响作用。通过加强这些行业的统筹布局，可以优化资源配置，提高资源利用效率，从而推动经济的持续健康发展。

二、随着全球化和科技创新的深入发展，重点行业面临着激烈的国际竞争和不断变化的市场需求。加强投资引导，有助于推动重点行业向高端化、智能化、绿色化方向发展，提升产业链供应链整体运行水平，增强国际竞争力。

三、重点行业的发展往往涉及多个领域和部门，需要加强跨部门、跨地区的协调合作。通过统筹布局和投资引导，可以促进产业链、创新链、资金链和政策链的深度融合，形成协同发展的良好局面。

四、加强重点行业的统筹布局和投资引导也是推动经济结构优化升级、实现高质量发展的必然要求。通过引导资本、技术、人才等要素向重点行业集聚，可以推动产业结构优化升级，提高经济发展的质量和效益。

17 如何推动传统产业高端化、智能化、绿色化转型？

政府工作报告指出，实施制造业技术改造升级工程，培育壮大先进制造业集群，创建国家新型工业化示范区，推动传统产业高端化、智能化、绿色化转型。推动传统产业向高端化、智能化、绿色化转型需要关注以下措施：

一、传统产业向高端化转型方面。首先，要提升技术创新能力。鼓励企业加大研发投入，推动产学研合作，开发具有自主知识产权的高端技术和产品。其次，要优化产业结构。通过兼并重组、淘汰落后产能等方式，优化产业布局，提升产业集中度，形成一批具有国际竞争力的高端产业集群。最后，要加强品牌建设。鼓励企业加强品牌建设，提升产品知名度和美誉度，增强品牌在国际市场的竞争力。

二、传统产业向智能化转型方面。首先，要不断创新先进的数字技术。鼓励企业创新、引进和应用人工智能、大数据、云计算、物联网等新一代数字技术，提升产业智能化/智慧化水平。其次，要推进数字化转型。推动企业数字化转型，实现企业全方位经营管理活动的数字化，提高生产效率、效果和质量，用好数据，充分发挥数据在数字化转型中的乘数效应。最后，要培养数字素养人才。加强数字化转型领域的人才培养，提高员工的数字技术研发、应用水平和创新能力，为数字化转型提供有力的人才保障。

三、传统产业向绿色化转型方面。首先，要发展、创新和推广绿色技术。鼓励企业研发和应用节能、减排、环保的绿色技术，降低能源消耗和污染排放。其次，要实施绿色制造。推动企业建立绿色制造体系，实现生产过程的绿色化和循环化，提高资源利用效率。最后，要建立绿色标准。制定和完善绿色制造标准和评价体系，推动企业积极参与绿色认证和评估，提升绿色发展水平。

四、加强政策引导和支持，为传统产业转型提供资金、税收、土地等方面的优惠政策，降低企业转型成本。此外，要加强市场监管，规范市场秩序，为传统产业转型提供良好的市场环境。

18 实施制造业技术改造升级工程有哪些要点?

实施制造业技术改造升级工程是一个复杂且系统的过程，涉及多个关键要点：

一、明确目标和方向。需要明确制造业技术改造升级的目标和方向，确保与制造业企业的战略规划和市场需求相一致。这包括提高生产效率、降低成本、提升产品质量、增强创新能力等方面。

二、开展深入的技术分析和评估。对企业现有技术水平进行深入分析和评估，找出存在的问题和不足，为技术改造升级提供依据。同时，关注行业发展趋势和新技术动态，为企业的技术升级提供方向。

三、制定详细的技术改造方案。根据目标和评估结果，制定详细的技术改造方案。这包括选择适当的新技术、新工艺、新设备和新材料，优化生产流程，提高生产线的自动化和智能化水平等。

四、确保资金和资源保障。技术改造升级需要投入大量的资金和资源，因此要确保资金来源稳定可靠，并合理分配资源。这包括申请政府补贴、争取银行贷款、引入风险投资等方式。同时，加强企业内部资源管理，提高资源利用效率。

五、加强组织领导和协作。技术改造升级工程需要领导层的高度重视和全力支持。同时，也需要各部门之间的紧密协作和配合。因此，要建立完善的组织领导体系，明确各部门的职责和任务，加强沟通协调，确保工程顺利实施。

六、加强人才培养和引进。技术改造升级需要高素质的技术人才和管理人才支持。因此，要加强人才培养和引进工作，提高员工的技术水平和创新能力，为企业的技术升级提供有力保障。

七、实施监督和评估。在制造业技术改造升级工程实施过程中，要加强监督和评估工作，确保工程质量和进度符合要求。同时，及时总结经验教训，不断优化改进，提高技术改造升级的效果和效益。

总之，实施制造业技术改造升级工程需要明确目标和方向、开展深入的技术分析和评估、制定详细的技术改造方案、确保资金和资源保障、加强组织领导和协作、加强人才培养和引进以及实施监督和评估等一系列措施。只有这样，才能提高制造业竞争力和可持续发展能力，为制造业可持续发展提供有力支撑。

19 培育壮大先进制造业集群的核心要领是什么？

一直以来，“集而不群”是我国先进制造业集群发展面临的主要问题。培育壮大先进制造业集群的核心要领是：

一、要建立健全协同创新机制。一方面，要激发企业与高校院所等相互合作、协同创新。建立健全科技成果转化利益分配机制，加快推进科研人员科技成果转化改革试点，调动科研人员协同创新的积极性。另一方面，要推进大中小企业合作研发和创新。鼓励大企业向中小企业开放创新平台，培育更多具有自主知识产权和核心竞争力的创新型企业。

二、要健全完善协作发展机制。一方面，要促进大中小企业融通发展。建立健全集群信息共享平台，完善集群内企业矛盾纠纷调处机制，提高集群成员相互信任度。提高中小企业在集群中的话语权。引导支持集群统一行业标准、产品标准，加强先导性、创新性标准研制，积极参与国际标准制度修订，以标准为切口抢占产业制高点。另一方面，要推进区域协作发展。推进区域联合制定集群的财政、税收政策，并进行试点。鼓励地方探索跨区域联合创新集群工作机制，形成可推广的经验做法。鼓励支持相邻区域实行统一的经济社会相关政策，消除集群内不同区域间要素自由流动政策障碍。支持地方创新招商引资方式，实行集群招商。

三、要强化集群促进机构建设。一是强化法律保障。加快出台集群促进机构发展办法，明确促进机构职责定位，并坚持市场化运行。二是强化财政保障。鼓励经济条件较好的地区，无偿给予机构活动经费，支持其用于开展相关活动，增强集群凝聚力，提高集群影响力和辐射力。三是强化服务功能。引导促进机构搭建公共服务体系，围绕推动产学研合作、技术与信息收集发布、促进企业合作等开展活动，全面赋能集群发展。支持促进机构牵头成立技术研发中心，为共性技术研发、公共检验检测、技术成果转化等提供服务，增强自我造血功能。

四、要统筹推动集群融合发展。推进集群间交流沟通，鼓励不同地区集群间合作，促进产业集群协同发展。引导具有赋能功效的集群，如数字经济集群、物联网集群、数字安防集群、软件和信息服务集群等，与制造类集群合作，进一步推进集群的高端化、智能化、绿色化发展。推进同国际重要集群的交流合作，深化产学研合作，合力攻克一批关键技术，解决一批“卡脖子”难题，抢占技术制高点。举办或参加具有国际影响力的集群交流活动，组织成员单位对外宣传、联合参展、国际合作等，扩大集群品牌影响力等。

五、要明确集群定位和发展方向、优化产业布局、加强人才培养和引进、完善基础设施建设、加强产业链供应链协同、推动数字化转型、加强品牌建设和市场推广、优化政策环境等。

总之，培育壮大先进制造业集群需要政府、企业和社会各方的共同努力和配合，通过优化机制、明确定位、优化布局、统筹推进等措施，不断提升集群的竞争力、影响力、辐射力和带动力。

20 创建国家新型工业化示范区需要突破哪些问题？

创建国家新型工业化示范区需要关注多个方面的问题：

一、要明确目标和定位。需要明确示范区的目标和定位，确保与国家的产业政策和战略规划相一致。这包括确定主导产业和发展方向，以及制定具有前瞻性的产业发展规划，同时考虑产业发展和地区经济社会的协同发展。

二、要优化产业布局和结构。合理规划产业布局，引导企业向园区集聚，形成产业规模效应和协同效应。同时，调整产业结构，大力发展高新技术产业、战略性新兴产业和未来产业，推动传统产业转型升级。

三、要加强技术创新和研发、推进数字化转型。支持企业加大研发投入，推动产学研用深度融合，形成一批具有自主知识产权的核心技术和产品。加强创新平台建设，引进和培育一批高水平的研发机构和创新人才。加强数字技术创新和赋能作用，推进数字化转型，发挥好数据资源乘数作用，推进数据资产市场化。

四、要推进节能减排和绿色发展。实施严格的节能减排措施，发展和推广清洁能源和循环经济，降低能耗和排放。加强生态环境保护，建设绿色工厂和绿色园区，实现高质量可持续发展。

五、要完善基础设施和公共服务。加强基础设施建设，包括交通、通信、能源等方面的建设，为产业发展提供有力支撑。同时，完善公共服务体系，提高教育、医疗、文化等公共服务水平，吸引人才和企业入驻。

六、要加强政策支持和引导。政府应出台一系列优惠政策，如税收优惠、土地使用权优惠、融资支持等，吸引企业投资和发展。同时，加强政策宣传和推广，引导社会资源向示范区集聚。

七、要深化国际合作与交流。加强与国际先进地区的合作与交流，引进国外先进的技术和管理经验，推动示范区的国际化发展。同时，积极参与国际产业竞争和合作，提升示范区的国际影响力，等等。

此外，在创建国家新型工业化示范区过程中还需要注重以下几个方面：一是突出主导产业特色。确保示范区的主导产业特色鲜明，具有较强的竞争力和市场前景。二是强化产业创新支撑。加强科研院所和创新人才的集聚，形成一批高水平的创新企业和平台，提升产业创新支撑能力。三是发挥示范带动作用。通过示范区的建设，带动周边地区乃至全国的产业转型升级和新型工业化进程等。

21 如何加快发展现代生产性服务业？

生产性服务业是为保持工业生产过程的连续性、促进工业技术进步、产业升级和提高生产效率、提供保障服务的服务行业。它是与制造业直接相关的配套服务业，是从制造业内部生产服务部门独立发展起来的新兴产业，本身并不向消费者提供直接的、独立的服务效用。生产性服务业依附于制造业企业而存在，贯穿于企业生产的上游、中游和下游诸环节中，以人力资本和知识资本作为主要投入品，把日益专业化的人力资本和知识资本引进制造业，是二、三产业加速融合的关键环节。生产性服务业主要包括研发设计与其他技术服务，货物运输、仓储和邮政快递服务，信息服务，金融服务，节能与环保服务，生产性租赁服务，商务服务，人力资源管理与培训服务，批发经纪代理服务，生产性支持服务等。现代生产性服务业是要用现代化技术手段、创新模式等支撑和赋能的生产性服务业，是新质生产力发展的重要领域。加快发展现代生产性服务业需要多个方面的支撑：

一、加强政策支持和引导。政府应出台相关政策，鼓励和引导企业加大对现代生产性服务业的投入。通过税收优惠、资金扶持等措施，降低企业运营成本，激发市场活力。

二、加强基础设施建设。现代生产性服务业的发展离不开完善的基础设施特别是以数字技术为代表的新型基础设施的支撑。政府应加大对交通、通信、信息等基础设施建设的投入，提高服务效率和质量。

三、推动技术创新和应用。生产性服务业的发展需要不断创新和引入新技术。企业应加强与科研机构、高校等的合作，推动技术创新和成果转化。同时，积极推广和应用新技术，如互联网、人工智能、大数据等数字技术，提升服务水平和效率。

四、培育专业化服务人才。现代生产性

服务业对人才的需求日益旺盛。政府和企业应加大对相关人才的培养和引进力度，提高服务人员的专业素质和技能水平、提升数字素养水平。

五、优化营商环境。政府应简化审批流程，降低市场准入门槛，为企业提供更加便捷高效的服务。同时，加强市场监管，规范市场秩序，营造公平竞争的市场环境。

六、加强国际合作与交流。借鉴国际先进经验和技术，推动生产性服务业的国际化发展。通过参与国际竞争与合作，提升我国生产性服务业的整体水平，等等。

22 如何打造具有国际影响力的“中国制造”品牌？

政府工作报告指出，要加强标准引领和质量支撑，打造更多具有国际影响力的“中国制造”品牌。要打造具有国际影响力的“中国制造”品牌，需要在品牌建设、产品质量、技术创新、市场营销、文化融合以及国际合作等多个方面下功夫：

一、强化品牌定位和形象塑造。企业需要明确自身的品牌定位，通过深入市场调研，了解目标市场的文化、消费习惯和需求特点，从而确定产品或服务在市场中的定位。同时，塑造具有独特性和吸引力的品牌形象，提升品牌知名度和美誉度。

二、提升产品质量和服务水平。产品质量是品牌建设的基石，企业应注重提升产品质量，确保产品性能稳定、安全可靠。同时，完善售后服务体系，提供及时、专业的服务支持，增强消费者对品牌的信任感和忠诚度。

三、加强技术创新和研发投入。技术创新是提升品牌竞争力的关键，企业应加大研发投入，不断推出具有创新性和竞争力的新产品，满足市场的多元化需求。同时，加强与科研机构、高校等的合作，引入先进技术和人才，提升企业的创新能力和技术水平。

四、优化市场营销策略。企业应制定有针对性的市场营销策略，包括广告宣传、线上线下推广、社交媒体营销等，提高品牌曝光度和市场占有率。同时，积极参加国际展会、论坛等活动，展示品牌形象和实力，拓展海外市场。

五、融入本土文化和国际元素。在品牌传播过程中，企业应注重融入本土文化元素，体现品牌的文化内涵和特色。同时，也要关注国际市场的文化特点和消费趋势，将国际元素融入品牌设计中，提升品牌的国际认同感。

六、深化国际合作与交流。企业应积极

寻求与国际知名企业的合作机会，通过技术合作、联合研发、市场共享等方式，实现资源共享和互利共赢。此外，参与国际标准的制定和推广，提升品牌在国际市场的话语权和影响力。

总之，打造具有国际影响力的“中国制造”品牌，可以更好地提升产品的国际竞争力和影响力，实现品牌的全球化发展。

23 促进中小企业专精特新发展需要注意什么？

党的二十大报告指出，要支持专精特新企业发展，推动制造业高端化、智能化、绿色化发展。政府工作报告也指出要促进中小企业专精特新发展。2021 年，中国财政部、工业和信息化部联合发布《关于支持“专精特新”中小企业高质量发展的通知》（财建〔2021〕2 号，以下简称《通知》），强调以习近平新时代中国特色社会主义思想为指导，着眼于推进中小企业高质量发展和助推构建双循环新发展格局，重点支持 1000 余家国家级专精特新“小巨人”企业高质量发展，促进这些企业发挥示范作用，并通过支持部分国家（或省级）中小企业公共服务示范平台强化服务水平，聚集资金、人才和技术等资源，带动 1 万家左右中小企业成长为国家级专精特新“小巨人”企业。

促进中小企业专精特新发展是一项复杂而重要的任务，需要政府、企业和社会各方的共同努力。政府应该提供良好的政策环境和支持措施，鼓励技术创新、市场营销、金融支持等方面的发展。企业需要加强自身的技术创新能力、市场开拓能力和品牌建设能力，同时加强与上下游企业的合作，实现产业链的协同发展。社会各界应加强对中小企业的关注和支持，共同推动中小企业专精特新发展，为经济增长和社会进步做出积极贡献。

政府方面，要制定有利于中小企业发展的政策，包括减税降费、简化行政手续、提供融资支持等，以降低中小企业的创业和运营成本；建立专门的支持体系，如创业孵化器、技术创新基地等，为中小企业提供技术培训、市场营销、知识产权保护等方面的支持；加强对中小企业的监管和服务，保障其合法权益，维护市场秩序，促进公平竞争；鼓励在政府采购和项目招标中优先考虑中小企业，为其提供更多的发展机会。

企业方面，要加强技术创新，不断提升产品和服务的质量和竞争力；注重市场营销和品牌建设，提升产品的知名度和美誉度，拓展市场份额；加强人才培养和管理，培养一支高素质的团队，为企业发展提供人力支持；积极参与产业链合作，加强与上下游企业的合作与沟通，实现资源共享、优势互补。

社会各界方面，要加强对中小企业的关注和支持，包括提供创业指导、提供融资渠道、提供市场信息等；建立多种形式的合作机制，如产学研合作、企业联盟等，促进技术创新和知识共享；培养和弘扬创业创新的氛围，鼓励更多的人参与到创业创新中来，为中小企业的发展提供人才支持和社会资源支持。

通过政府、企业及社会各界的共同努力，可以为中小企业专精特新发展提供更多的支持和保障，推动其健康、稳定、可持续发展。

24 如何通过国企改革推进新质生产力发展？

新质生产力是指以创新为主导，摆脱传统经济增长方式，具有高科技、高效能、高质量特征的先进生产力。国企改革在推进新质生产力发展方面扮演着至关重要的角色。国有企业是国民经济的主导力量，国企的属性决定了其在建设现代化产业体系、引领国家经济发展中的重要战略作用。国企在能源、电力、钢铁、交通、电信、国防等保障国计民生的各行业领域都有着支撑性作用，同时也承担着公共产品生产、重大工程项目建设、国家科技创新等重要职责，而且还肩负着优化产业结构、引领经济发展、带动其他所有制经济健康发展的重任。因此，国企的改革创新对发展新质生产力具有重要影响作用。通过国企改革推进新质生产力发展要关注如下问题：

一、深化国有企业改革，打造适应新质生产力发展的制度环境。这包括优化国有资本布局，完善现代企业制度，推动混合所有制改革，增强国有经济的活力、控制力、影响力和抗风险能力。通过改革，使国有企业成为新质生产力发展的主要力量，引领和带动整个经济体系向更高质量、更高效益的方向发展。

二、加强科技创新，提升国有企业的科技创新（特别是原创）和应用水平。国有企业应加大研发投入，加强关键核心技术攻关，推动科技成果的转化和应用。同时，加强与高校、科研机构的合作，构建产学研深度融合的创新体系，为新质生产力的发展提供源源不断的创新动力。

三、优化人才结构，培养适应新质生产力发展的人才队伍。国有企业应建立健全人才培养、引进和激励机制，吸引和留住高端人才，提升员工的整体素质和技能水平。同时，加强企业文化建设，营造尊重创新、鼓励探索的良好氛围，激发员工的创新精神和创造力。

四、加强国有企业的国际合作与交流，吸收借鉴国际先进经验和技术，提升国有企业的国际竞争力。通过参与全球产业链、价值链的分工与合作，推动新质生产力在更广阔的范围内发展。

五、完善政策支持体系，为新质生产力的发展提供有力保障。政府应出台一系列政策措施，包括财政支持、税收优惠、融资便利等，为国有企业的科技创新和产业升级提供有力支持。同时，加强监管和评估，确保政策的有效性和可持续性。

除上述几点外，还需要注意的是，国有企业在发展新质生产力的过程中，除了要探索新兴产业和未来产业的布局之外，还需要重点从传统行业领域的改造升级入手来进行探讨。此外，数字经济发展是推动经济社会高质量发展的动力和引擎。在国企改革发展过程中，一定要把数字化转型这一抓手做实，通过新技术、新模式、新业态等的创新引领赋能和改造生产力中的三要素，使得劳动者、劳动资料和劳动对象都得到质的跃升，实现产业发展的高端化、智能化、绿色化转型。这一方面给国企改革创新带来了挑战，另一方面也带来了广阔的发展空间和令人可期的未来前景。

第三部分

新质生产力与新兴产业、未来产业发展

25 什么是新兴产业？主要包括哪些产业领域？

新兴产业是随着新的科研成果和新兴技术的发明、应用而出现的新的部门和行业。这些产业具有高技术含量、高附加值、资源集约等特点，并关系到国民经济社会发展和产业结构优化升级，具有全局性、长远性、导向性和动态性特征。它们也是促使国民经济和企业发展走上创新驱动、内生增长轨道的根本途径。

现阶段，新兴产业主要包括七大领域：节能环保、新一代信息技术、生物产业、高端装备制造、新能源、新材料以及新能源汽车。这些领域都体现了科技的进步和创新，这对于推动经济发展、改善生活质量和保护环境等方面具有重要的意义。其中，节能环保致力于开发和应用环保技术，提高资源利用效率，减少环境污染和碳排放；新一代信息技术包括人工智能、大数据、云计算、物联网等，以促进信息化进程，推动数字经济发展；生物产业涉及生物技术、生物医药、农业生物技术等领域，致力于提高生物资源利用效率和生物医药治疗水平；高端装备制造针对航空航天、轨道交通、核能装备等领域，提供高性能、高精度、高可靠性的先进装备；新能源包括太阳能、风能、地热能、生物能等，以替代传统化石能源，实现能源可持续利用；新材料包括碳纳米管、功能性材料、柔性电子材料等，具有轻量化、高强度、高导电性等特点，推动制造业技术升级；新能源汽车以电动车、混合动力车、氢燃料电池车等为代表，促进汽车工业绿色转型，减少汽车尾气排放。

这些新兴产业不仅为经济增长提供了新的动力，同时也为社会发展和人类生活带来了更多的可能性。随着科技的不断进步和创新，新兴产业将会持续涌现，为人类社会带来更多的惊喜和改变。

26 什么是未来产业？主要包括哪些产业领域？

未来产业是指引领重大变革的颠覆性技术及其新产品、新业态所形成的产业，这些产业基于前沿重大科技创新，具有技术的前沿性、需求的突破性、影响的颠覆性、价值的战略性、前景的爆发性等显著特征。未来产业是面向未来并决定产业竞争力和区域竞争实力的前瞻性产业，也是支撑未来产业发展的主导产业。尽管这些产业当前尚处于孕育孵化阶段，但它们具有高成长性、战略性、先导性等特性，有望形成全球经济新的增长极并驱动经济社会变革式发展。

目前，未来产业主要集中于类脑智能、量子信息、未来网络、深海空天开发、氢能与储能、高端装备制造、新能源汽车、智能机器人等领域。其中，类脑智能是致力于模仿人类大脑神经网络结构的人工智能技术，开发出具有自主学习、推理和决策能力的智能系统；量子信息是利用量子力学原理进行信息传输、加密和计算，开辟出全新的信息科技领域；未来网络主要是基于新一代互联网技术，实现更高速、更安全、更智能的网络通信和数据传输；深海空天开发是指探索深海与太空资源开发，推动人类对地球深层和宇宙空间的探索和利用；氢能与储能通过利用氢能作为清洁能源，结合高效的能源储存技术，实现能源的可持续利用和高效储存；高端装备制造涵盖航空航天、轨道交通、核能装备等领域，提供高品质、高性能的先进装备和工业设备；新能源汽车以电动车、氢燃料电池车等为代表，实现汽车能源替代和碳排放的减少，推动汽车行业向清洁、智能和可持续发展；智能机器人是指结合人工智能、机器学习和传感技术，研发具有自主感知、学习和交互能力的智能机器人，应用于制造业、服务业、医疗等领域。

这些领域代表了当前科技发展的最前沿，

通过不断地探索和创新，有望为人类社会的未来发展打开新的大门。

未来产业的定义和涵盖范围并非一成不变，而是随着科技的进步和社会的发展而不断演变的。因此，我们需要保持开放和前瞻的视角，密切关注科技前沿动态，以便更好地把握未来产业的发展趋势和机遇。

27 发展新兴产业和未来产业与新质生产力有什么关系？

新兴产业和未来产业的发展是新质生产力形成和提升的土壤和基础，新质生产力的提升又反过来推动新兴产业和未来产业的进一步发展。二者关系密切且互相促进。具体而言，发展新兴产业和未来产业与新质生产力存在以下关系：

一、新质生产力的形成源自产业创新。新兴产业和未来产业中的颠覆性产品与科技创新，是促进新质生产力产生的重要动力。这种颠覆性的技术创新与进步，不同于普通技术进步，不是现有技术的一般改进，而是对传统产业产生颠覆性影响的前沿性、革命性技术。这使得新质生产力的三个催生因素（技术革命性突破、生产要素创新性配置、产业深度转型升级）得以实现，进而推动生产力产生了质的跃迁。“十四五”规划和2035

年远景目标纲要提出，要聚焦战略性新兴产业，加快关键核心技术创新应用；要在前沿科技和产业变革领域，谋划布局一批未来产业。这些新兴产业以及未来产业的核心在于颠覆性技术提升，加速推动科技成果向先进生产力转化，可以说产业创新与变革为新质生产力的形成提供了基础、土壤和必要的催生力量。

二、新质生产力的发展需要依托于产业发展。作为新质生产力发展的重要领域，新兴产业和未来产业正在以前所未有的速度和广度推进社会生产力的整体跃升。经过若干年的积累和发展，我国在新兴产业和未来产业领域充分发挥了科技的引领作用，促进了创新成果转化落地，推动了新质生产力的提升。同时，从产业布局来看，我们在新兴产业和未来产业领域构建起了多层次技术创新网络和跨行业创新生态体系，这为实现高水平科技自立自强，推动新质生产力发展奠定了基础。

总之，新质生产力的核心是创新引领，“新”和“质”的实现都离不开新兴产业和未来产业的发展。通过产业变革和创新，实现由传统生产方式向高端化、智能化、绿色化的新型生产方式转变，推动新质生产力的发展。反过来，新质生产力也将成为新兴产业和未来行业发展的新动力，不断催生新产业、新模式、新动能，推动我国经济进一步高质量发展。

28 为什么要积极培育新兴产业和未来产业？

新兴产业和未来产业是培育和发展新质生产力的核心载体和主要阵地。习近平总书记在黑龙江考察时强调，要整合科技创新资源，引领发展战略性新兴产业和未来产业，加快形成新质生产力。新一轮科技革命和产业变革正在重塑全球经济结构和产业版图，新产业、新业态、新模式不断产生，新兴产业和未来产业将成为各国企业竞争的新赛道。积极培育新兴产业和未来产业对于推动我国经济高质量发展意义重大。具体体现在以下四个方面：

一、培育新兴产业和未来产业能够促进颠覆性和关键性的技术创新。新兴产业和未来产业往往代表着最新的科技趋势和前沿探索。通过积极培育这些产业，可以推动科技创新从量的积累迈向质的飞跃，从点的突破迈向系统能力的提升。这不仅能够提升国家的整体科技水平，还能够为传统产业的转型升级提供有力支撑，推动产业结构的优化升级。

二、培育新兴产业和未来产业能够促进新旧动能转换。随着经济的发展和科技的进步，传统产业的增长动力逐渐减弱，而新兴产业和未来产业则成为新的增长动力源。通过培育这些产业，可以促进新旧动能的转换，实现经济的平稳过渡和持续发展。这不仅能够缓解传统产业产能过剩的问题，还能够创造更多的就业机会，推动经济的稳定增长。

三、新兴产业和未来产业是新质生产力发展的基础和土壤。通过积极培育这些产业，可以推动相关领域的政策、资金、人才等要素的集聚和优化配置，为新质生产力的建设提供有力保障。这不仅能够激发创新创业的活力，还能够促进产业链的完善和创新生态的形成，为产业的长期发展奠定坚实基础。

四、培育新兴产业和未来产业，为未来

发展和争取更有利的竞争位置提前布局。新兴产业和未来产业是未来经济发展的重要方向，也是国际竞争的重要领域。通过积极培育这些产业，可以抢占先机，为未来发展和国际竞争赢得更有利的地位。这不仅能够提升国家的综合国力和国际影响力，还能够为企业在全球市场中赢得更多的发展机会和竞争优势。

总之，积极培育新兴产业和未来产业具有重要意义，需要进一步加大力度，推动这些产业的快速发展。

29 发展战略性新兴产业有什么重要意义？

新一轮科技革命和产业变革正在重塑全球经济结构和产业版图，新产业、新业态、新模式不断涌现，特别是战略性新兴产业是各国企业竞争的新赛道，也是发展新质生产力的主阵地。发展战略性新兴产业的意义体现在以下四个方面：

一、促进产业空间布局优化。通过对战略性新兴产业的谋篇布局，实现各地资源的配置优化，形成优势互补、协调发展的新产业格局。这不仅可以提高资源的利用效率，还可以避免产业同质化竞争，促进产业协同发展。同时，优化产业空间布局还有助于推动城乡区域协调发展，缩小地区间的发展差距，实现经济社会的全面进步。

二、推动产业融合化集群化发展。这得益于战略性新兴产业科技含量高、市场潜力大、带动能力强等特征。通过上下游产业链的延伸和完善、政府支持和引导等多方面因素的共同作用，战略性新兴产业得以形成各环节深度融合的产业链关系。与此同时，战略性新兴产业能够吸引更多的关联企业和机构集聚，形成产业集群。这种集群化发展不仅提高了产业的集中度和竞争力，还有助于实现资源共享、信息互通、技术协同，进一步推动产业融合化的发展。

三、全方面提升产业体系现代化水平。战略性新兴产业往往代表着最新的科技趋势和前沿探索，是推动产业体系现代化的重要力量。通过集中优势资源、锻造新动能，以战略性新兴产业新赛道孵化未来产业、以未来产业争抢发展机遇的新优势，构建形成以科技创新为引领、先进制造业为骨干的现代化产业体系。从而，推动产业向高端化、智能化、绿色化方向发展，大幅提升产业体系现代化水平。

四、实现经济高质量发展。战略性新兴

产业以其独特的创新性和成长性，为经济增长提供了新的动力源泉。通过发展战略性新兴产业，可以推动经济结构的优化升级，提高经济发展的质量和效益。同时，战略性新兴产业还可以带动相关产业的发展，形成良性的产业互动和循环，为经济的可持续发展奠定坚实的基础。

30 如何巩固和扩大新能源汽车、锂电池、光伏等产业的领先优势？

近年来，我国在新能源汽车、锂电池、光伏等能源领域相关产业上具有一定的领先优势。2023年，我国新能源汽车产销量连续9年保持全球第一，新能源汽车出口超过120万辆，带动我国新车出口数量跃居世界第一；全球动力电池排名前十的企业中，中国占据6席，锂离子电池行业总产值超过1.4亿万元，锂电池出口总额高达4574亿元；我国光伏产业规模持续扩大，多晶硅、硅片、电池、组件等主要制造环节产量同比增长均超过64%，行业总产值超过1.75万亿元。

为进一步巩固和扩大我国新能源汽车、锂电池、光伏等产业的领先优势，需要政府、企业和社会各方面的共同努力和协作，通过持续的技术创新、优化产业链供应链、完善政策环境、加强国际合作等措施进行推进。

在当前汽车产业电动化、智能化和低碳化转型的重要机遇期，我国新能源汽车技术与商业模式创新活跃，国际竞争优势明显，跨界融合逐步深入。然而，车用芯片、基础软件等还要加强攻关，新能源汽车低温适应性、安全性、充电便利性等问题还需要持续解决。此外，从国际竞争格局上看，还需要共同构建畅通稳定的全球产业链、供应链，进一步维护公正透明的经贸规则。新能源汽车产业应在现有的技术和生产力积累基础上，通过数智化、协同化的深入创新，大力推动提质、降本、扩量，加强技术创新，持续深化国际合作，有效应对与化解各类显性和潜在风险挑战，巩固和扩大新能源汽车的发展优势。

作为新能源汽车产业链的上游环节，我国锂电池产业保持较好发展势头。而随着锂离子电池在储能电站、5G基站等领域快速渗透，锂电储能产业将迎来快速增长。未来，除了进一步聚焦超长寿命高安全性储能锂离子电池开发，推进固态电池研发和应用，加快打造更多掌握关键核心技术、品牌知名度高、国际竞争力强的头部企业，还应加速推进镍氢电池材料、太阳能电池材料、氢能及燃料电池材料、风电转换材料等新兴电池储能材料研究，以及钠离子电池、液流电池、氢燃料电池、超级电容器等应用，从而实现能源转化利用、发展新能源技术，拓展技术应用场景，助力能源绿色革命。

做大做优光伏产业，则需要整体提升其产业链上下游的综合实力和市场竞争力。通过电网智能化改造与建设，可以促进光伏电能的安全稳定输送，提高清洁能源消纳能力；通过风光大基地建设实现规模化的资源利用，降低运营成本，推动产业集聚发展；通过分布式光伏以及集中式光伏的模式和技术创新，降低系统成本，增强市场竞争力。这些措施都需要政府、企业和社会共同努力，推动光伏产业健康、可持续发展。

31 怎样加快前沿新兴氢能、新材料、创新药等产业发展?

新材料是新近发展或正在发展的、具有优异性能的结构材料和有特殊性质的功能材料。结构材料主要利用强度、韧性、硬度、弹性等机械性能，如新型陶瓷材料和非晶态合金（金属玻璃）等；而功能材料则主要利用电、光、声、磁、热等功能和物理效应。新材料通常具备表征性、依托性、时间性、优能性和新颖性五个特征，它们是通过物理研究、材料设计、材料加工、试验评价等一系列研究方法生产加工或合成出来的，性能优于传统材料。

创新药则是具有自主知识产权专利的药物。与仿制药不同，创新药强调化学结构的新颖或新的治疗用途，在以前的研究文献或专利中均未见报道。在国内，创新药指的是在境内外均未上市的、含有新的结构明确的、具有药理作用的化合物，且具有临床价值的药品。创新药行业产业链主要包括上游创新药医药原材料生产商、中游创新药生产及销售企业，以及下游医疗机构等创新药销售终端。

加快前沿新兴氢能、新材料、创新药等产业发展是新兴产业和未来产业发展的重要领域，是新质生产力发展的重要体现，要综合考虑政策扶持、科技创新、产业链协同、人才培养以及市场需求等多个方面。

如在氢能产业方面，要加强政策扶持与法规完善。完善氢能产业的政策扶持体系，包括税收优惠、财政补贴、贷款优惠等，降低氢能项目的投资成本和风险。同时，加强氢能产业的法规建设，确保产业健康有序发展；要加强基础设施建设。加快氢能储存、运输和加注等基础设施的建设，为氢能产业的规模化应用提供基础条件。特别是在可再生能源发电不易外送的区域，通过电价优惠等措施推动可再生能源制氢；要推动技术创新与示范应用。鼓励企业、高校和科研机构加强氢能技术的研发，特别是在绿氢制备、氢能储存和运输等方面取得突破。同时，推动氢能技术在交通、电力、工业等领域的示范应用，积累经验并带动产业发展。

在新材料产业方面，要强化科技创新与成果转化。加大对新材料研发的支持力度，鼓励企业、高校和科研机构开展联合研发，突破新材料的关键技术瓶颈。同时，加强新材料成果的转化和产业化，推动新材料产业快速发展；要优化产业布局与协同发展。根据区域资源禀赋和产业基础，优化新材料产业的布局，形成具有区域特色的新材料产业集群。加强产业链上下游的协同合作，推动新材料产业与高端制造、电子信息等领域的融合发展；要加强标准制定与品牌建设。制定和完善新材料产业的标准体系，提升新材料产品的质量和性能。同时，加强新材料产业的品牌建设，提升国内新材料产业的国际竞争力。

在创新药产业方面，要深化医药体制改革。优化药品审评审批流程，缩短新药上市时间。加强知识产权保护，激发企业创新活力。同时，完善医保政策，为创新药的研发和应用提供有力保障；要加大研发投入与人才培养。鼓励企业加大创新药的研发投入，支持企业开展原创性、差异化药物的研发。加强医药领域的人才培养，特别是高层次创新人才的培养和引进；要拓展国际合作与交流。加强与国际先进制药企业的合作与交流，引进先进技术和管理经验。同时，推动国内创新药企业走向国际市场，提升国内制药产业的国际影响力。

此外，无论是氢能、新材料还是创新药产业，都需要加强市场推广和宣传，提高公众对这些新兴产业的认知度和接受度。同时，建立健全产业服务体系，为产业发展提供全方位的支持和保障。

32 为什么要积极打造生物制造、商业航天、低空经济等新增长引擎？

生物制造是以生物体机能进行大规模物质加工与物质转化、为社会发展提供工业商品的新行业。

商业航天，是航天产业的商业化进程，《国家民用空间基础设施中长期发展规划（2015—2025 年）》出台，明确鼓励民营企业发展商业航天。

低空经济是以各种有人驾驶和无人驾驶航空器的各类低空飞行活动为牵引，辐射带动相关领域融合发展的综合性经济形态。低空经济广泛体现于第一、第二、第三产业之中，在促进经济发展、加强社会保障、服务国防事业等方面发挥着日益重要的作用。目前，低空领域的主要产品有电动垂直起降飞行器、无人机（消费级、工业级）、直升机、传统固定翼飞机等。从应用场景区分，低空经济可以划分为城市场景（城市空中交通）和非城市场景（偏远地区的工业、农业、林业、渔业和建筑业的作业飞行以及医疗救援、抢险救灾、气象探测、海洋监测、科学实验、教育训练、文化体育等方面的飞行活动）。

积极打造生物制造、商业航天、低空经济等新增长引擎是发展新质生产力的重要手段和路径。这些新兴产业具有高科技、高效能、高质量的特征，是符合新发展理念的先进生产力质态，因此具有重要的发展潜力和战略意义。

积极打造生物制造、商业航天和低空经济的原因涉及多个方面，它们对于推动经济发展、技术创新和产业转型升级也都具有重要意义。

生物制造的发展对于促进医学领域的个性化治疗、实现可持续发展以及解决全球食品安全和粮食短缺问题具有重要意义。通过生物制造，可以根据患者的基因变异和疾病特征来定制治疗方案，提高药物的高效性和安全性。同时，生物制造还可以生产生物塑料和生物燃料，减少对化石燃料的依赖，降低对环境的破坏。此外，利用转基因作物和细胞培养技术，生物制造可以提高农作物的产量和抗病虫害的能力，从而应对全球人口增长和气候变化对粮食供应的挑战。

商业航天的发展则推动了太空探索的商业化进程，包括载人航天的商业化、火箭回收再利用技术的突破、太空旅游的兴起以及航天科技在其他领域的应用拓展。这些发展趋势不仅为人类提供了更多的太空探索和居住选择，还有效地推动了太空探索的成本降低和效率提升。商业航天产业的发展也将带动相关产业链的发展，创造更多的就业机会和经济效益。

低空经济作为新时期重要的战略性新兴产业，具有极大的发展潜力。通过发展低空经济，可以推动我国产业升级、提升应急救援能力、满足人们对高品质生活的追求、提升城市竞争力以及促进军民融合发展和区域经济发展。低空经济的下游应用在不断拓展，整机制造也在蓬勃发展，这将进一步带动上游配套产业的快速增长，形成制造业及出口新动能。

总之，积极打造生物制造、商业航天和低空经济是符合经济发展趋势和产业转型升级需要的战略选择。这些领域的发展将带来技术创新、产业升级和经济效益的显著提升，为我国经济的可持续发展注入新的动力。

33 开辟量子技术、生命科学等未来产业新赛道有何重要意义？

量子技术，是新一轮科技革命和产业变革的前沿领域，主要分为量子计算、量子通信、量子精密测量三大领域。量子技术发展具有重大科学意义和战略价值，是一项对传统技术体系产生冲击、进行重构的重大颠覆性技术创新。

生命科学是以分子遗传学为核心的先进科学技术，是认识种族、发育、遗传、活动、生殖、病变的科学，是研究生命现象的科学，既研究各种生命活动的现象和本质，又研究生物之间、生物与环境之间的相互关系，以及生命科学原理和技术在人类经济、社会活动中的应用。

开辟量子技术、生命科学等未来产业新赛道的意义深远，不仅关乎科技进步，更关乎经济社会发展和人类文明进步。

从科技角度看，量子技术和生命科学是当前科技领域的前沿。量子技术以其独特的量子叠加和纠缠特性，有望在信息处理、通信、计算等领域实现革命性的突破。而生命科学则致力于揭示生命的奥秘，推动生物医药、医疗健康等领域的发展，为人类健康和生活质量提供新的解决方案。因此，开辟这些未来产业新赛道，有助于我国在科技领域取得更多的原创性成果，提升国际竞争力。

从经济发展角度看，未来产业新赛道是推动产业升级和转型的重要引擎。量子技术和生命科学等领域的发展，将带动相关产业链的发展，形成新的经济增长点。这些新兴产业的发展，不仅将创造大量的就业机会，还将推动传统产业的升级和转型，提高整体经济的效率和竞争力。

从社会角度看，未来产业新赛道的发展将推动社会进步和文明发展。量子技术的应用将提高信息传输的安全性和效率，为政务、金融、电力和国防等行业提供更加可靠和高效的服务。而生命科学的发展则将推动医疗技术的进步，提高人类健康水平，解决许多长期困扰人类的医学难题。

从全球视野看，开辟未来产业新赛道是我国在全球科技竞争中占据有利地位的重要举措。随着全球化的深入发展，科技竞争已经成为国家间竞争的重要方面。通过开辟量子技术、生命科学等未来产业新赛道，我国可以在全球科技竞争中占据先机，推动科技创新和经济社会的可持续发展。

因此，开辟量子技术、生命科学等未来产业新赛道具有重大的意义，不仅有助于我国在科技和经济领域取得更多突破，还将推动社会进步和文明发展，为我国在全球科技竞争中占据有利地位提供有力支撑。

34 创建未来产业先导区的路径是什么？

未来产业先导区是国家为推动战略性新兴产业和未来产业发展而设立的一种特殊区域，旨在通过大力投资和政策扶持，培育领军企业，推动未来产业的发展，优化经济结构和提高国家竞争力。未来产业先导区主要聚焦于一些新兴产业和领域，例如人工智能、生物技术、新材料、新能源、智能制造、量子技术、生命科学等。这些产业都具有较高的技术含量、创新动力和市场潜力，对于未来经济发展具有关键作用。通过在这些领域进行深度布局和前瞻性规划，未来产业先导区致力于推动技术的原始创新突破，促进产业升级和转型。此外，未来产业先导区还承载着创新策源、产业引领和制度示范的功能。它们不仅是新技术和新产业的发源地，也是推动产业升级和转型的重要引擎。同时，未来产业先导区还在体制机制、制度政策等方面探索创新，为整个产业的发展提供示范和引领。

为了更好地推动未来产业先导区的发展，中国各地都在积极打造具有地方特色的未来产业先导区，并制定相应的政策和措施。这些先导区不仅吸引了大量的投资和人才，也推动了当地经济的快速增长和产业的转型升级。

当前，各地区在推进未来产业先导区的发展路径上主要应考虑如下问题：

一、区域协同推动产业布局。通过区域协同的方式，明确产业布局，推动未来产业先导区的建设。这种方式可以发挥各地的比较优势，形成合力，共同推动未来产业的发展。例如，北京市围绕未来产业六大领域对全市各区进行产业布局，各区根据自身的特点和优势，选择重点发展的产业领域，完成产业空间部署，并成立相应的专班以服务项目落地和企业发展。

二、注重基础设施建设和技术平台打造。

一些地方注重发展基础设施建设，打造技术平台，吸引科教资源和人才资源。通过加快推进国家重大科技基础设施建设，推动源于重大科技基础设施的基础理论发现和原始创新。同时，以新产业平台为主阵地，大力发展重量级未来产业，积极招引标杆企业和重大项目。此外，还支持在科教资源优势突出、产业基础雄厚的高新区、特色小镇等布局建设未来产业先导区，以进一步吸引和集聚创新资源。

三、因地制宜布局未来产业。根据当地的资源禀赋、产业基础和市场需求等因素，选择具有发展潜力的未来产业进行重点培育和发展。例如，深圳明确培育具身智能机器人、合成生物等未来产业新增长点；青岛布局基因与细胞、量子信息等产业新赛道；合肥着力扩大量子信息、空天技术等先发优势。这种因地制宜的布局方式可以更好地发挥当地的比较优势和特色优势，推动未来产业的快速发展。

四、重点布局产业链供应链实现“四链”深度融合。该路径重点布局产业链供应链，实现创新链、产业链、资金链、人才链的深度融合。通过创新发展“飞地经济”等模式，建立“总部 + 基地、研发 + 生产”产业链条合作模式，在创新研发、小试中试、规模生产等环节形成协同合作。同时，围绕加快未来产业链群发展，坚持以关键突破带动全面发展、以重点提升推动体系发展，大力实施重点工程，围绕产业链部署创新链，面向未来产业链群，瞄准世界前沿技术，分行业、分领域、分层级动态发布重点产业链关键核心技术需求清单等。这种布局方式可以推动产业链上下游企业紧密合作和创新发展，提升整个产业链的竞争力和创新能力。

35 各产业主体如何协同发展打造新质生产力？

发展新质生产力需要各产业主体的有效协同。如更好地实现资源共享与互补。不同产业主体之间可以通过共享资源、技术和知识，实现优势互补。例如，传统制造业可以利用信息技术产业提供的大数据和人工智能技术，提高生产效率和产品质量。同时，新兴的信息技术产业也能从制造业中获取丰富的应用场景和需求，推动其技术创新和进步，更好地进行产业链整合。

产业主体可以围绕某一核心产业或产品，形成完整的产业链，实现上下游企业的紧密合作。这种整合可以优化资源配置，提高生产效率，降低生产成本。同时，也能提升整个产业链的竞争力，更好地进行创新驱动。

各产业主体需要积极投入研发，推动技术创新，形成新的生产力。同时，要注重培养创新型人才，为产业发展提供源源不断的创新动力。要更好地进行政策引导与支持：政府可以通过制定相关政策，引导各产业主体协同发展，打造新质生产力。例如，提供税收优惠、资金支持、人才培养等方面的政策，鼓励企业加大研发投入，推动产业升级和转型。要更好地进行跨界合作：鼓励不同产业主体之间进行跨界合作，打破行业壁垒，形成新的业态和商业模式。这种跨界合作可以带来全新的市场需求和增长点，推动产业发展进入新的阶段，等等。

通过各产业主体的充分、有效协同，可以充分发挥大国经济和超大规模市场的优势，我国有望推动创新链、产业链、资金链和人才链的一体化布局和深度融合，在新兴产业和未来产业发展方面占据高端位置、走在前沿、抢占先机，助力新质生产力的快速发展。例如，目前我国在风电、光伏、新能源汽车、动力电池等新兴产业领域已构建了从科技创新到产业化再到市场应用的完整产业链优势，成为国际竞争中更具主导性和话语权的新优势产业。随着新兴产业和未来产业在经济中的比重增加，我国将推动产业向新的发展方向转型，建立更加先进高端、更具自主可控性和安全可靠性的现代化产业体系，从初级发展质态的成本价格竞争、数量规模扩张、低端分工的嵌入，转向高级发展质态的质量品牌竞争、精益增长和产业链条的协同布局。

第四部分

新质生产力与数字经济创新发展

36 数字经济为什么是我国经济社会发展的新引擎？

简单讲，“数字经济”由“数字”和“经济”二者组成。“数字”是数字技术的简称，主要包括数据技术、网络技术和计算技术；“经济”是经济活动的简称，经济活动是“创造价值”的活动。因此，数字经济是用数字技术支撑（赋能）的创造价值的活动。

数字经济是国家经济社会发展的新引擎，具有重要的战略意义和价值。例如，发展数字经济可以推动经济社会的高质量发展：数字经济具有高创新性、强渗透性、广覆盖性，不仅是新的经济增长点，而且是传统产业转型升级的重要支点，是构建现代化产业体系的重要引擎。发展数字经济有利于发展新质生产力，推动产业结构优化升级，加快新旧动能转换，推动经济社会全面高质量发展；发展数字经济可以提升国家竞争力，在全球化和信息化的背景下，数字经济已经成为国际竞争的新领域；发展数字经济有助于提升国家在全球竞争中的地位和影响力，增强国家竞争力；发展数字经济可以满足人民日益增长的美好生活需要，随着人们生活水平的提高，对于高品质、个性化的产品和服务需求不断增加；发展数字经济可以满足人们对于便捷、高效、个性化的服务需求，提高人民的生活质量和幸福感；发展数字经济可以促进创新创业，数字经济为创新创业提供了更加广阔的舞台；通过数字平台和数据要素，人们可以更方便地进行创新资源的整合和分享，降低创新创业的成本和风险，促进创新创业的发展；发展数字经济可以推动可持续发展：数字经济具有资源消耗低、环境污染少等优势，有助于推动可持续发展。同时，数字经济还可以促进资源的优化配置和高效利用，提高资源利用效率，实现经济的绿色可持续发展；等等。因此，数字经济对国家发展至关重要，是我国经济社会发展的新引擎。

37 发展新质生产力为什么离不开数字经济创新？

党的十八大以来，在党和国家的前瞻战略引领下，我们提前对新形势下的经济社会发展进行了谋篇布局，如推动数字经济发展和数字中国建设、大力发展战略性新兴产业、推进新型基础设施建设等。这些重大的战略举措已经在本质上将“创新引领”这一核心理念深刻融入其中。以数字经济发展为例，从 2019 年到 2022 年，我国数字经济增加值占 GDP 的比重从 36.2% 跃升至 41.5%。数字经济已成为中国稳增长促转型的重要引擎，推动了我国传统产业的深度转型升级。同时，在技术突破以及生产要素配置方面，我们也取得了一定的成绩，特别是在新型基础设施建设等资源配置方面，我们走在了世界前列。

近年来我国在数字经济等新技术领域的积累突破以及生产要素的创新配置为产业的

转型发展带来了新的机遇。经过多年的积累和发展，我们在新旧生产方式交替和转变的关键历史阶段，有能力去迎接新旧动能转换带来的挑战。这个历史阶段的三个显著特征就是技术的革命性突破、生产要素的创新性配置以及产业的深度转型升级。传统的以资源和劳动力消耗型为主的经济增长方式以及与之相匹配的生产力发展路径在当前的环境和形势下已经不再适应，需要新的生产力理论对新的生产方式进行指导，这是完全符合历史发展规律的。因此，新质生产力理论的提出是历史发展的必然选择，而数字经济创新是发展新质生产力的基础。发展新质生产力离不开数字经济的创新，这是因为：

一、数字经济创新是新质生产力的重要推动力。数字经济作为一种新型的经济形态，通过数据驱动、技术创新、跨界融合等特性，为新质生产力的发展提供了强大的动力。数字经济在推动技术创新、促进产业升级、优化资源配置等方面发挥着重要作用，有助于实现经济社会的数字化转型和智能化升级。

二、数字经济创新为新质生产力提供了引领性创新服务的支撑。通过累积数字创新资源、汇聚高层次创新人才、推动数字基础设施建设的完善，数字经济能够引领国内外科技创新和新质生产力的发展。数字技术服务的应用和普及，有助于推动传统产业的数字化转型，提高生产效率和质量，培育新的经济增长点。

三、数字经济创新还为新质生产力提供了新型工业化的应用场景。数字经济的发展使得全社会的闲置资源能够全新呈现，并通过共享方式创新社会资源的产权形式，促进各种新型经济发展模式的建立。这种新型资源配置方式和发展理念，有助于推动新质生产力在各个领域的应用和拓展，实现经济社会的全面进步。

四、数字经济创新与新质生产力的发展相互促进。一方面，数字经济创新为新质生产力提供了技术和应用支撑；另一方面，新质生产力的发展也推动了数字经济的进一步创新和发展。这种良性循环有助于推动我国经济社会持续健康发展。

总之，数字经济发展推动了新质生产力中劳动者、劳动对象、劳动资料这三要素的跃升，这是新质生产力发展的前提，新质生产力离不开数字经济创新。

38 为什么一定要促进数字技术和实体经济深度融合？

创新引领是发展新质生产力的核心，科技创新必须通过实体经济发展才能实现。数字经济是用数字技术（主要包括数据技术、网络技术、计算技术等）支撑（赋能）各主体更好地创造价值的活动。离开实体经济，数字经济便没有落脚点，更谈不上数字经济的发展。因此，数字经济必须和各行各业各领域的实体经济深度融合，才能发挥出数字经济在推动国家经济社会高质量发展中的新引擎作用。数字经济和实体经济的深度融合可以从以下几个方面带来价值：

一、可以提升生产效率与创新能力。数字技术，如人工智能、大数据分析、云计算等，能够优化生产流程，提高生产效率，降低生产成本、提升质量。同时，这些技术还能为企业带来创新的生产方式和商业模式，推动产品和服务的个性化与多元化，从而满足消费者日益增长的多样化需求。

二、可以驱动经济转型升级。随着全球化和市场竞争的加剧，传统实体经济需要进行转型升级以适应新的市场环境。数字技术和实体经济的融合有助于推动经济结构的优化和产业升级，实现经济的高质量发展。

三、可以培育新业态与新动能。数字技术的应用能够孵化出新业态、新产业和新动能，为经济发展注入新的活力。这种融合有助于拓展新的经济增长点，提升整个经济体系的竞争力和创新能力。

四、可以提升资源配置效率。数字技术有助于实现资源的数字化管理，提升资源的配置效率。通过大数据分析和智能化决策，企业可以更精准地把握市场需求，优化供应链管理，降低库存和物流成本。

五、可以调整经济运行状况。如在面临经济下行压力时，数字技术和实体经济的融合有助于重组经济要素资源、重塑传统产业结构、重构产业链供应链，以数字技术为抓手对冲经济下行的风险，等等。

总之，各主体应积极投入数字技术的研发和应用，推动数字技术和实体经济的深度融合，共同打造新质生产力，实现经济社会的持续健康发展。

39 如何积极推进数字产业化、产业数字化？

数字产业化是指将数字技术服务产业化。数字产业即数字经济核心产业，是为产业数字化发展提供数字技术、产品、服务、基础设施和解决方案，以及完全依赖于数字技术、数据要素的各类经济活动。产业数字化是使用部门因数字化而带来的产出增加和效率提升，也称为数字经济融合部分，包括传统产业由应用数字技术所带来的生产数量和生产效率的提升，其新增产出构成数字经济的重要组成部分。推进数字产业化、产业数字化是实现数字经济发展的重要内容，也是数字中国建设在经济领域的集中体现和基本要求。

推进数字产业化需要考虑如下重要问题：

一方面，要加强数字核心技术攻关。数字核心技术包括 5G、集成电路、操作系统、人工智能等，它们是数字化发展的重要基础和核心支撑。一是坚持科技自立自强，加快实现核心数字技术自主可控。二是积极发挥各方作用，建立健全核心数字技术攻关制度体系。

另一方面，要加强新型基础设施建设。一是大力发展数字基础设施。坚持区域协调发展理念，合理布局5G、数据中心等基础设施，避免新基建在区域之间的无序发展和过度竞争，提高新基建的区域覆盖范围，提升新基建单位产出效率。二是全力打造“新基建”供给链，实现产业链安全，强调上下游产业间的配套、协调和稳定。

推进产业数字化就是要实现各行各业产业的数字化转型，要关注如下问题：

一、要制定明确的产业数字化战略。政府和企业应制定清晰的产业数字化战略，明确发展目标、路径和重点任务。这有助于确保各方在推进产业数字化的过程中保持明确的方向和一致的努力。

二、要加强基础设施建设。数字化基础

设施是产业数字化的基石。需要加大对通信网络、数据中心、云计算平台等基础设施的投资力度，提升基础设施的性能和安全性，为产业数字化提供坚实的支撑。

三、要推动数据资源开发利用。数据是产业数字化的核心要素。政府和企业应建立数据共享和开放机制，促进数据的流通和利用，发挥好数据要素的乘数效应。

四、要加强数据治理，保障数据安全，确保数据在合法、合规的前提下得到充分利用。要提升数字技术能力。企业应加大数字技术的研发和应用力度，包括大数据、人工智能、物联网等软硬件技术的研发和应用。通过技术创新，提升产业数字化的水平和质量。

五、要推动数字化与产业的深度融合。数字技术应深度嵌入产业的各个环节中，实现数字化与产业的深度融合。通过数字技术，优化生产流程、提升产品质量、降低生产成本，推动产业转型升级。

六、要加强人才培养和引进。产业数字化需要大量的数字素养人才支持。政府和企业应加大人才培养和引进力度，培养一批具备数字化技能和知识的数字素养人才，为产业数字化提供有力的人才保障。

七、要加强政策支持和引导。政府应出台相关政策，支持和引导产业数字化的发展。包括提供税收优惠、资金扶持、项目支持等，为产业数字化创造良好的发展环境。

八、要鼓励跨界合作与创新。产业数字化需要跨界合作与创新。政府和企业应鼓励不同行业、不同领域之间的合作与交流，共同推动产业数字化的创新发展，等等。

总之，要通过创新引领，不断推动数字产业化和产业数字化的进程，实现我国数字经济赋能高质量发展。

40 如何深化大数据、人工智能等研发应用，开展“人工智能 +”行动？

“人工智能 +”有利于构筑未来新增长极。要瞄准人工智能的前沿方向，加快产生原创性、突破性的重大科研成果，推进人工智能与多个行业的深度融合，加速人工智能前沿向现实生产力的转化，推动产业智能化升级和颠覆式技术的创新，从而催生新产业、新模式、新动能，构筑起未来新的增长极。

中国 AI 大模型产业发展在多领域有着广泛的需求，如办公、金融、医疗、制造、政务、文旅等。相关领域的创新和发展也共同推动着我国 AI 大模型产业的蓬勃发展，预示着未来更广阔的市场前景。

“人工智能 +”有利于促进数据要素价值的挖掘。“人工智能 +”将有效推动人工智能赋能新型工业化。在金融领域，AI 通过机器学习和自然语言处理等技术，能够对大量的金融数据进行分析和挖掘，提供智能的风险管理和投资建议。如AI系统可以通过分析客户的信用历史和交易数据，进行信贷审批，提高审批的效率和精确度；在工业领域，通过引入AI技术，制造企业可以实现自动化生产、智能化控制以及智能化管理。同时，AI技术还可以通过对生产数据的分析，优化生产流程。此外，在医疗、政务、文旅、康养等领域，AI已成为提升服务质量和效率的重要手段。但同时，高质量的训练数据集仍需扩展。

生成式AI的布局路径要充分用好大数据、人工智能、物联网等技术，不断提升服务的效能。深度应用金融科技，有助于弥补科技型企业信用数据较少等不足，提升金融服务可得性和有效性。既要加大以人工智能为代表的科技创新的投入，也要在数据要素开发利用方面下功夫。

深化大数据、人工智能等研发应用，开展“人工智能+”行动，需要关注以下几方面问题：

一、要强化基础研究和核心技术突破。要加大对大数据、人工智能等领域的基础研究的投入，鼓励科研机构、高校和企业开展深度合作，推动核心技术的突破和创新。特别是在算法优化、数据处理、机器学习等方面，需要不断取得新的进展。

二、要建设完善的数据基础设施。包括建设大规模数据中心、云计算平台、高速网络等，为大数据和人工智能应用提供强大的硬件支撑。同时，加强数据标准化和质量控制，确保数据的准确性和可用性。

三、要推动数据资源共享和开放。在确保数据安全和隐私保护的前提下，推动政府、企业和社会组织的数据资源共享和开放。这将有助于形成数据驱动的决策机制，促进各行业的数据应用和创新。

四、要加强人才培养和引进。培养一批既懂技术又懂业务的大数据、人工智能专业人才。同时，积极引进国际优秀人才。通过设立奖学金、开展专业培训、建立实践基地等方式，提高人才的技能水平和应用能力。

五、要开展“人工智能+”行动。将人工智能技术与各行各业深度融合，推动传统产业转型升级。例如，在制造业中引入智能制造、智能物流等概念，提高生产效率和质量；在医疗、教育、交通等领域，利用人工智能技术提升服务水平和效率。

六、要制定和完善相关政策法规。明确大数据和人工智能应用的政策导向和规则要求，为技术创新和应用提供法律保障。要加强对数据安全和隐私保护的监管，防止数据滥用和泄露。

七、要加强国际合作与交流。与国际社会保持密切合作，共同推动大数据和人工智能技术的研发和应用。通过参与国际项目、举办国际会议等方式，分享经验、交流技术、推动创新，等等。

总之，深化大数据、人工智能等研发应用，开展“人工智能+”行动需要全社会的共同努力和持续投入。通过多种措施，可以推动大数据和人工智能技术的广泛应用和深入发展，为经济社会发展注入新的动力。

41 打造具有国际竞争力的数字产业集群，关键要做好什么？

数字产业集群是新发展理念引领下的，依赖信息网络平台开展协同制造，通过数字化方式对集群活动进行管理，从而吸引资本、人才、数据等要素资源参与集群建设的企业集群。

打造具有国际竞争力的数字产业集群是一个系统性任务，其关键在于系统性推动集群内各类企业的数字产业化和产业数字化发展水平，核心是创新驱动。要加强数字中国建设水平，从经济、政府、社会、文化、生态等全方位数字化赋能角度提升集群的数字化治理水平。强化数字技术在集群创新活动中的应用，打造数字产业集群创新的“试验场”，通过数字产业创新平台为集群内各类主体提供数字技术赋能方案、数字化基础设施、数字技术培训和技能发展以及创新资金支持等服务，推动创新主体间的信息互通，实现创新要素的即时匹配与整合。建立完善跨部门、跨区域的数据资源流通应用机制，强化数据安全保障能力，优化数据要素流通环境，以推动数据与其他生产要素的有效融合，发挥数据的乘数效应。

打造具有国际竞争力的数字产业集群是一个复杂而系统的任务，需要从多个方面进行综合施策。以下是一些要关注的问题：

一、加强顶层设计与规划引领。政府应制定全面而详细的数字产业集群发展规划，明确发展目标、重点任务和实施路径。规划应立足不同区域的资源禀赋和产业基础，充分发挥各地优势，打造一批符合国家战略方向、创新密度高、市场潜力大的数字产业集群。同时，建立跨部门、跨地区的协调机制，确保各项政策和措施得到有效执行。

二、增强关键共性技术创新能力。数字技术是数字产业集群的核心竞争力。政府和企业应加大研发投入，突破一批关键共性数字技术，推动数字产业集群的技术创新。同时，加强与国际先进水平的对标和合作，引进和消化吸收国际先进技术，提升数字产业集群的整体技术水平。

三、培育具有生态主导力的领军企业。领军企业是数字产业集群的重要支撑。政府应制定针对性政策，支持领军企业发展壮大，发挥其生态主导力。通过领军企业的带动，形成上下游企业紧密配套、协同发展的产业生态，提升数字产业集群的整体竞争力。

四、推动高水平对外开放与国际合作。国际合作是提升数字产业集群国际竞争力的重要途径。政府应推动数字产业集群与全球创新网络深度融合，加强与国际先进产业集群的交流与合作。通过引进国际先进技术、管理经验和人才资源，提升数字产业集群的创新能力和国际化水平。

五、优化产业发展环境。政府应完善数字产业集群发展的政策体系，包括财政、税收、金融、人才等方面的支持政策。同时，加强知识产权保护，打击侵权行为，为数字产业集群的创新发展提供良好的法治环境。此外，还应加强基础设施建设，提升数字产业集群的硬件支撑能力。

六、加强人才培养和引进。人才是数字产业集群发展的关键。政府和企业应加大人才培养和引进力度，建立多层次、多渠道的人才培养和引进机制。通过高校、科研机构、企业等多方合作，培养一批具有创新精神和实践能力的高素质人才，为数字产业集群的发展提供有力的人才保障。

总之，打造具有国际竞争力的数字产业集群需要从多个方面进行综合施策。通过这些措施的实施，可以推动数字产业集群的快速发展和国际化进程，提升其在全球范围内的竞争力。

42 制造业数字化转型的核心要领是什么？

制造业数字化转型是将数字技术应用于制造业，以提高生产效率、优化资源配置、提高产品质量和创新能力，实现制造业的转型升级。

制造业数字化转型可以提高生产效率。通过数字化技术，可以对生产过程进行全面的监控和管理，实现生产过程的自动化和智能化，减少人工干预和误差，提高生产效率和产品质量。例如，智能制造系统可以根据生产计划和物料信息，自动调整生产流程和生产进度，减少生产过程中的浪费和延误。制造业数字化转型可以提高创新能力。数字化技术可以快速地实现产品设计和原型制造，缩短产品研发周期，提高创新能力和市场竞争力。例如，3D 打印技术可以快速地制造出产品原型，加速产品设计和测试的进程，提高产品的质量和创新能力。制造业数字化转型可以提高供应链管理能力。数字技术可以实现供应链的自动化和智能化，提高供应链的透明度和协同效率。例如，通过物联网技术可以对物流和库存进行全面监控和管理，实现供应链的实时跟踪和优化，提高供应链效率和灵活性。

制造业数字化转型需要企业全面考虑自身情况和发展需求，把握数字化转型的核心要领主要集中在以下几个方面：

一、制定明确的转型战略。首先，制造业企业需要明确数字化转型的目标和战略，包括确定转型的优先级、时间表以及期望达成的效果。这有助于企业在转型过程中保持清晰的方向和重点。

二、加强基础设施建设、赋能设备设施。制造业数字化转型需要强大的基础设施支持。企业应加大对数字化基础设施的投入，包括建设高速、稳定的通信网络，提升数据获取、处理和存储能力，以及创新物联网、云计算等新型技术的应用。要用数字技术赋能制造业设备设施。要引入和创造新的制造技术和设备。

三、推动数据资源开发利用。数据是数字化转型的核心。企业应建立完善的数据收集、处理和应用体系，充分挖掘数据价值，利用大数据、人工智能等技术手段提升生产效率、优化产品设计和创新商业模式。

四、提升数字化技术能力。企业需要提升自身的数字化技术能力，包括掌握数字化研发设计、数字化生产制造、数字化经营管理等方面的技能。通过引进先进技术、培养数字化人才、开展技术合作等方式，不断提升企业的数字化水平。

五、加强产业链协同。制造业数字化转型需要产业链上下游企业的协同合作。企业应加强与供应商、客户等合作伙伴的数字化连接，共同构建数字化产业链，实现信息共享、资源共享和协作共赢。

六、完善政策和法规体系。政府应出台

支持制造业数字化转型的政策和法规，为企业提供良好的发展环境。包括提供资金支持、税收优惠、人才引进等方面的政策支持，以及制定数据安全、知识产权保护等方面的法规，保障企业的合法权益。

七、鼓励创新和示范应用。政府和企业应共同推动制造业数字化转型的创新和示范应用。通过设立创新基金、建设示范项目等方式，鼓励企业开展数字化技术的研发和应用探索，形成可复制、可推广的成功经验。

总之，推进制造业数字化转型需要通过制定明确的转型战略、加强基础设施建设、推动数据资源开发利用、提升数字化技术能力、加强产业链协同、完善政策和法规体系以及鼓励创新和示范应用等措施共同推进。

43 加快工业互联网规模化应用的关键是什么？

工业互联网是新一代信息通信技术与工业经济深度融合的新型基础设施、应用模式和工业生态。工业互联网通过全面连接人、机、物、系统等，构建起覆盖全产业链、全价值链的全新制造和服务体系，为工业乃至产业的数字化、网络化、智能化发展提供了实现途径，是第四次工业革命的重要基石。它不仅限于互联网在工业领域的简单应用，而是具有更丰富的内涵和外延，包括网络、平台、数据和安全等要素，是工业数字化、网络化、智能化转型的基础设施，也是互联网、大数据、人工智能与实体经济深度融合的应用模式，是一种新业态、新产业，在重塑企业形态、供应链和产业链中发挥重要作用。

工业互联网规模化应用是工业互联网技

术在工业领域的广泛应用和普及，主要是实现工业生产、管理、服务等方面的数字化、网络化、智能化。加快工业互联网规模化应用是推动制造业数字化转型的重要环节，其关键在于多方努力协同，通过加强政策支持、完善基础设施、推动技术创新、加强数据安全保护等措施，不断推进工业互联网的规模化应用进程。

加快工业互联网规模化应用是一个涉及多个方面的复杂任务，需要从多个角度进行综合考虑和推进。以下是一些关键问题：

一、政策引导和顶层设计。政府应制定出台工业互联网高质量发展的指导意见，明确发展目标、任务和路径。同时，通过政策引导，鼓励和支持企业积极参与工业互联网建设，推动工业互联网在各行各业的应用和普及。

二、技术创新和标准体系建设。加强工业互联网关键技术的研发和创新，提升自主创新能力。同时，推动工业互联网标准体系建设，制定和完善相关标准和规范，促进工业互联网的互联互通和协同应用。

三、基础设施建设和优化。加大对工业互联网基础设施建设的投入，提升网络覆盖范围和传输速度，优化数据处理和存储能力。同时，推动现有设施的升级改造，满足工业互联网应用的需求。

四、数据治理和安全保障。加强工业互联网数据治理，确保数据的准确性、完整性和安全性。建立健全数据安全防护体系，防范网络攻击和数据泄露等安全风险，保障工业互联网应用的稳定运行。

五、行业应用和示范推广。针对重点行业和领域，开展工业互联网应用示范和推广工作。通过成功案例的总结和宣传，提高工业互联网的知名度和影响力，促进其在更广泛范围内的应用。

六、产业协同和生态建设。加强产业链上下游企业的协同合作，推动形成工业互联网产业链和生态圈。鼓励企业、高校、科研机构等共同参与工业互联网建设，形成合力，推动工业互联网的快速发展。

七、人才培养和引进。加大对工业互联网人才的培养和引进力度，提高人才的专业素养和技能水平。建立人才培养和引进机制，吸引更多优秀人才投身工业互联网事业，为工业互联网的规模化应用提供有力的人才保障。

总之，加快工业互联网规模化应用需要通过政策引导和顶层设计、技术创新和标准体系建设、基础设施建设和优化、数据治理和安全保障、行业应用和示范推广、产业协同和生态建设以及人才培养和引进等多方面的措施，共同推动工业互联网的快速发展和广泛应用。

44 推进服务业数字化的核心要领是什么？

服务业数字化是利用现代信息技术对服务业的传统业务模式、流程和服务形态进行改造和升级，以提高效率、优化体验、降低成本并创造新的商业价值。推进服务业数字化是一个涉及多方面、多层次的系统工程，需要政府、企业和社会各界的共同努力和协作，其核心要领主要包括以下几个方面：

一、明确目标和战略。需要明确服务业数字化的目标和战略。这包括确定数字化的重点领域、预期达成的效果以及实现这些目标的具体路径。同时，需要分析现有的资源和能力，以确保数字化战略与企业的实际情况相匹配。

二、客户体验优先。在推进服务业数字化的过程中，企业应始终将客户体验放在首位。通过利用数字技术，精准把握客户需求，提供个性化、便捷化的服务，增强客户黏性，提升客户满意度。同时，企业还应关注客户反馈，不断优化服务流程，提升服务质量。

三、加强基础设施建设。数字化转型离不开基础设施的支持。政府和企业需要加大对数字化基础设施的投入，包括建设高速、稳定的通信网络，提升数据中心的处理能力和安全性，以及推广物联网、云计算等新型基础设施的应用。

四、推动数据资源的开发利用。数据是服务业数字化的核心。要充分利用大数据、人工智能等技术手段，对服务业的数据资源进行深度挖掘和分析，以发现新的商业机会和价值。同时，需要建立数据共享和开放机制，促进数据资源的流通和利用。

五、提升服务业数字化水平。要推进服务业数字化，就需要不断提升服务业的数字化水平。这包括推动传统服务业的数字化转型，如利用电子商务平台进行线上销售和服务，运用数字化手段提升物流服务效率等；

同时，也要鼓励新兴服务业的发展，如数字内容、在线教育、远程医疗、数字文旅等。

六、重视技术创新，实现跨界融合与协作。企业应积极引入云计算、人工智能、物联网等先进技术，推动服务模式的创新和服务流程的智能化。通过技术创新，企业可以降低成本、提高效率，为客户提供更加优质的服务体验。服务业数字化需要与其他产业进行深度融合和协作。企业应加强与制造业、农业等产业的合作，共同探索数字化在跨界服务中的应用场景和商业模式，如交通与文旅、康养的融合创新等。通过跨界融合，企业可以拓展服务领域，提升综合服务能力。

七、加强人才培养和引进。数字化转型需要大量的专业人才支持。因此，政府和企业需要加大对数字化人才的培养和引进力度，包括加强数字化教育和培训，吸引和留住数字化人才，以及建立数字化人才激励机制等。

八、完善政策和法规体系。政府需要制定和完善相关的政策和法规体系，为服务业数字化提供有力的制度保障。这包括出台支持服务业数字化的政策措施，如税收优惠、资金扶持等；同时，也要加强对服务业数字化的监管和规范，确保其健康有序发展。此外，还应建立健全数据安全管理制度和技术防护措施，保护客户隐私安全，遵守相关法律法规和行业标准，确保合规经营。

九、加强跨界合作与创新。服务业数字化需要跨界合作与创新。政府、企业、高校和研究机构等应加强合作，共同推动服务业数字化的技术研发和应用。同时，也要鼓励和支持服务业企业进行创新实践，探索新的商业模式和服务方式。

总之，推进服务业数字化需要从多个方面的措施入手，这些措施将有助于推动服务业数字化进程，提升服务业的竞争力和创新能力。

45 建设智慧城市、数字乡村的关键是什么？

智慧城市是以发展更科学、管理更高效、生活更美好为目标，通过信息技术和通信技术支撑，实现城市运行效率的提高、公共服务水平的提升以及低碳城市生态圈的形成。数字乡村则是指随着互联网、物联网、人工智能技术的广泛应用，乡村经济发展、乡村社会治理、乡村政务和公共服务、乡村文化发展、农民生活需求等开始全面向数字化转型，继而推动农村经济的数字化转型，提升农民数字化生活水平，实现乡村振兴。

智慧城市和数字乡村是信息化社会发展的两个重要方向，分别针对城市和农村地区的发展需求，推动社会经济的数字化转型。建设智慧城市、数字乡村的关键涉及多个方面，这些方面共同构成了推动其成功实施的核心要素。

在建设智慧城市方面，要制定科学合理的规划和政策：明确智慧城市的发展目标和方向，制定相应的规划和政策，确保各项工作的有序进行；要加强信息化基础设施建设：构建高效、稳定、安全的通信网络和数据中心，实现城市各项数据的无缝连接和共享；要推广智慧交通系统：通过智能交通管理、智能公共交通等手段，提高交通系统的智能化水平，缓解交通拥堵，优化交通环境；要建设智慧公共服务系统：提升医疗、教育、公共安全等领域的智能化水平，提高公共服务效率和质量；要加强安全保障：建立网络安全防护体系，保障智慧城市系统的稳定运行和数据安全；等等。

在建设数字乡村方面，要加大农村信息化投入：提升农村地区的信息化水平，构建农村信息化基础设施，实现农村与城市的信息共享和交流；要推广数字农业：利用物联网、大数据等技术，实时监测土地墒情、作物生长等情况，提高农业生产效率和质量；

要建设农村电商平台：推动农产品上行和工业品下行，促进农村电商发展，拓宽农民增收渠道；要加强农村文化数字化建设：保护和传承农村优秀传统文化，建立农村文化资源数据库，推动农村文化产业发展；要提升乡村治理水平：利用数字技术提升乡村治理的智能化水平，推动乡村治理体系和治理能力现代化；等等。

同时，在建设智慧城市和数字乡村的过程中，还需要注意以下几点，要注重人才培养：加强相关领域的人才培养，提高数字化技能和素养，为智慧城市和数字乡村建设提供有力的人才支撑；要强化政策支持：政府应出台相关政策，鼓励和支持智慧城市和数字乡村的建设和发展，营造良好的发展环境；要推进跨界融合：加强不同领域、不同行业之间的跨界合作，共同推动智慧城市和数字乡村的建设和发展；等等。

46 适度超前建设数字基础设施，加快形成全国一体化算力体系有何意义？

适度超前建设数字基础设施，加快形成全国一体化算力体系的意义主要体现在以下几个方面：

一、促进科技创新与数字经济发展。适度超前的数字基础设施建设不仅是科技创新的有力支柱，也是数字经济蓬勃发展的重要推动力。通过加速新质生产力的发展，这一战略能够有效促进科技前沿领域的研究突破和新兴产业的快速成长。建设先进的数字基础设施是推进新质生产力发展的关键。这种适度超前的投入和规划，将极大增强科技创新的能力，并加速数字经济的发展进程，为国家经济的持续增长提供坚实的数字化支持和动力。

二、应对新一轮科技革命和产业变革。要

应对新一轮科技革命和产业变革的挑战，构建全国一体化算力体系显得尤为关键。2023年12月国家发展改革委、国家数据局、中央网信办、工业和信息化部、国家能源局等部门联合印发的《关于深入实施“东数西算”工程加快构建全国一体化算力网的实施意见》强调，这一战略举措旨在应对信息技术的快速发展及其带来的挑战和机遇，特别是针对算力需求的迅猛增长。全国一体化的算力网络能够确保经济和社会发展中对算力资源的广泛需求得到有效和及时的满足，从而为国家在新一轮科技革命和产业变革中保持竞争力和发展动力提供坚实的基础。

三、推动区域协调发展。推动区域协调发展是“东数西算”战略的核心目标之一。该战略通过促进算力资源和相关产业从资源丰富的东部地区向发展潜力巨大的西部地区转移，旨在实现全国经济发展的均衡。这种转移不仅可以加速西部地区的科技和经济发展，促进当地就业和产业升级，还有助于缩小东西部之间的发展差距，实现全国范围内的共同富裕。此外，这一策略有利于构建跨地域和跨部门的协同发展机制。通过在全国范围内优化算力资源分配，可以激发各地区的发展潜力，促进产业链的整合和优化，形成更加紧密的经济联系和合作网络。这种协同效应不仅加强了国内市场的整体竞争力，还为区域间的经济互补和长期可持续发展奠定了坚实基础。

四、提高算力资源利用效率和降低成本。构建一体化的算力网络对于提高算力资源利用效率和降低成本具有重要意义。通过集中和优化算力资源的分配，不仅可以提高使用效率，还能显著降低整体的运营成本。这种优化策略不仅减少了企业和社会的运营开支，还提升了生产过程的效率。实现算力、运力、存力的高效协同调度，意味着可以根据需求更加灵活地分配和利用资源，确保在各个领域和环节中实现最优的资源配置。此外，一体化的算力网络通过整合全国范围内的计算资源，打破了地域和物理界限的限制，使得算力资源能够根据实际需求在全国范围内自由流动和调配。这种网络的灵活性和动态性极大地提升了算力资源的响应速度和服务范围，使得从大型企业到中小企业，乃至于各行各业都能够在需要时获取到必要的计算支持，从而推动了经济活动的高效运行和创新发展。因此，一体化算力网络不仅有助于实现规模经济效应，降低单位计算成本，而且为推动科技创新和数字经济的蓬勃发展提供了坚实基础。

五、实现绿色低碳发展。实现绿色低碳发展是全国一体化算力网络建设的关键目标之一。这项战略不仅关注算力资源的效率和成本优化，同时也致力于实现数据中心和算力基础设施的绿色转型。这种转型旨在通过采用更加节能的技术和流程，减少整体能耗和碳排放，从而支持国家达成双碳战略目标。此外，构建一体化算力网络还将促进可再生能源的广泛应用，实现与算力资源的协同优化。通过整合分布于不同地区的数据中心，可以优化能源使用结构，特别是在能源丰富的西部地区，利用当地的水电、风电等清洁能源，以降低整个网络的碳足迹。这不仅有助于提升算力行业的能源效率和环境友好性，而且还能推动经济社会发展方式的绿色转型，促进可持续发展的实现。

适度超前建设数字基础设施并加快形成全国一体化算力体系对于国家的科技创新、经济发展和社会进步具有深远影响。这一战略不仅强化了科技创新和数字经济发展的基础，应对了新一轮科技革命和产业变革的挑战，而且促进了区域之间的协调发展，实现了资源利用的高效性和成本的有效控制。此外，这一体系的建设还符合绿色低碳的发展趋势，为实现国家的双碳目标提供了坚实支撑。

47 如何发挥“数据要素 ×”效应，推进数据要素市场化配置？

数据要素市场化配置是一种资源配置方式，它通过市场机制来实现数据资源的有效配置。在数据要素市场化配置过程中，数据的供需双方可以通过交易平台进行数据的买卖和交换，实现数据的价值最大化。同时，数据要素市场化配置还可以促进数据的开放共享，打破数据孤岛，实现数据的互联互通。要推进数据要素市场化配置，需要发挥“数据要素 ×”效应。

2023 全球数商大会首次提出我国将研究实施“数据要素 ×”行动，在若干重点领域推动数据要素与其他要素相结合，催生新产业、新业态、新模式、新应用、新治理。“数据要素 ×”效应具体表现为：一是以协同实现全局优化，提升产业运行效率，增强产业核心竞争力。二是以复用扩展生产可能性边界，释放数据新价值，拓展经济增长新空间。三是以融合推动量变产生质变，催生新应用、新业态，培育经济发展新动能。

要充分发挥数据要素乘数效应并推进数据要素市场化配置，需要实施组合策略，涉及提高数据质量、促进流通、增强应用及确保数据安全等。依据《“数据要素 ×”三年行动计划（2024—2026年）》的目标，到2026年旨在显著拓展数据要素的应用广度和深度，通过创建300个示范性强、显示度高、带动性广的典型应用场景，实现数据产业的快速增长。发挥“数据要素 ×”效应，推进数据要素市场化配置，需要关注如下问题：

一、提高数据质量和供给水平是基础。应通过建立和完善的数据标准体系，提升数据管理和处理能力，确保高质量数据供给。这涉及从技术、管理和政策层面加强数据整合、清洗、分析和共享能力，以满足不同行业和领域的需求。

二、优化数据流通环境是关键。需要建

立健全的数据流通机制，包括数据交易平台、定价体系和交易规则，以促进数据的市场化流通。这要求打破数据孤岛，促进数据跨部门、跨行业流通，同时确保数据流通的合规性和安全性。

三、加强数据的实际应用。通过实施数据要素与劳动力、资本等要素的协同，促进技术流、资金流、人才流和物资流的优化配置。在工业、农业、服务业等各行业领域中，通过数据驱动提升行业运行效率，催生新产业、新模式和新业态。

四、加强数据安全是重要保障。应加强数据安全保护措施，构建安全可信的数据流通和应用环境，确保数据使用过程中个人隐私和企业利益的保护等。

总之，要实现数据要素市场化配置，实现对数据的高水平应用，促进经济社会发展，为推动高质量发展提供新的动能，需要在很多方面进行推进，需要社会各界共同努力，实现数据要素价值的最大化。

第五部分

新质生产力与美丽中国建设

48 为什么高质量发展需要推进美丽中国建设？

建设美丽中国是全面建设社会主义现代化国家的重要目标，是实现中华民族伟大复兴中国梦的重要内容。高质量发展需要推进美丽中国建设的原因主要有以下几点：

一、美丽中国建设是实现中华民族永续发展的重要路径。我国现代化是人口规模巨大的现代化，整体迈入现代化将极大地改变现代化的世界版图，对人类历史产生深远影响。在这个过程中，促进人与自然和谐共生是中国式现代化的本质要求之一。

二、美丽中国建设是推动经济社会高质量发展的内在要求。随着经济社会发展进入加快智能化、绿色化、低碳化的高质量发展阶段，必须促进经济社会发展全面绿色转型，厚植高质量发展的绿色底色。这有助于形成新的经济增长点，推动经济持续健康发展。

三、美丽中国建设关系高质量发展全局，事关如期实现第二个百年奋斗目标大局。在中国式现代化进程中，必须始终坚持人与自然是生命共同体，走生产发展、生活富裕、生态良好的文明发展道路。通过推进美丽中国建设，可以全面推进人与自然和谐共生的现代化，为实现高质量发展提供有力保障。

四、建设美丽中国是满足人民日益增长的美好生活需要的必然要求。随着我国经济社会发展和人民生活水平的提高，广大人民群众热切期盼良好的生产生活环境。人民群众日益增长的优美生态环境需要已成为我国社会主要矛盾的重要内容。因此，推进美丽中国建设对于满足人民群众的美好生活需要具有重要意义。

综上所述，高质量发展需要推进美丽中国建设，这不仅有利于保护生态环境、促进可持续发展，还有利于高质量发展的全面布局、增进人民群众福祉。

49 如何推进绿色科技创新，实现人与自然和谐共生？

绿色科技是遵循生态原理和生态经济规律，节约资源和能源，避免、消除或减轻生态环境污染和破坏，生态负效应最小的“无公害化”或“少公害化”的科学技术、工艺和产品的总称。其内容主要包括：污染控制和预防技术、源头削减技术、废物最少化技术、循环再生技术、生态工艺、绿色产品、净化技术等。可见绿色科技是一种与生态环境系统相协调的新型的现代科学技术。

推进绿色科技创新，实现人与自然和谐共生，需要从理论指导和实践路径方面进行深入探讨和实施。

在理论上，应深入学习贯彻习近平生态文明思想及其对人与自然和谐共生的现代化的指导作用。党的十八大以来，以习近平同志为核心的党中央将生态文明建设作为关系中华民族永续发展的根本大计，开展了一系列开创性工作，其决心之大、力度之大、成效之大前所未有，生态文明建设从理论到实践都发生了历史性、转折性、全局性变化，美丽中国建设迈出重大步伐。习近平总书记 2023 年 7 月在全国生态环境保护大会上的重要讲话，深刻阐述了我国生态文明建设的“四个重大转变”，即由重点整治到系统治理的重大转变、由被动应对到主动作为的重大转变、由全球环境治理参与者到引领者的重大转变、由实践探索到科学理论指导的重大转变。习近平总书记关于“四个重大转变”的重要论述，既是对新时代生态文明建设巨大成就的全面总结，又是对新时代生态文明建设理论创新、实践创新、制度创新成果的高度凝练。新时代以来，我国已经走出了一条生产发展、生活富裕、生态良好的文明发展道路，为实现人与自然和谐共生的现代化奠定了坚实基础。

在实践上，需要正确把握经济发展与生态文明建设的辩证关系。这要求在经济发展中融入绿色发展观，推动经济结构和生产方式的绿色转型。科技创新在这一过程中发挥着关键作用，应当支持节能减排、环境治理、生态保护和修复，促进绿色生产和消费模式的形成。在具体路径上，科技创新应成为推进人与自然和谐共生的现代化的基础性和战略性支撑。这涉及加快生产方式的绿色变革，推动消费方式的绿色转型，并加速污染治理和生态修复。具体而言，应在农业、制造业、循环经济、能源使用等方面通过科技创新实现绿色发展。同时，提升社会对绿色低碳技术的认知和应用，推动新能源、新材料、生物环保等领域的科技进步，为生态文明建设提供坚实的技术支撑。

总之，推进绿色科技创新，实现人与自然和谐共生，要深入学习贯彻习近平生态文明思想及其对人与自然和谐共生的现代化的指导作用，明确绿色发展的方向，利用科技创新为经济社会发展和生态环境保护提供支撑，形成绿色发展的新模式和新动能。

50 如何发展新质生产力，全面推进美丽中国建设？

新质生产力注重发展路径的创新性，要摆脱传统经济增长方式、生产力发展路径，通过科技创新、模式创新、制度创新等方式，研发和应用先进的工艺技术，打造能源资源消耗低、环境污染少、气候友好的先进发展体系，更好地平衡经济社会发展与生态环境保护、个体与整体、当前与长远之间的关系，为经济社会发展提供可持续的新动能。

新质生产力注重发展方式的绿色化，是贯彻新发展理念的先进生产力，引导企业树立保护生态环境就是保护生产力、改善生态环境就是发展生产力的理念，推动践行绿色生产方式，如围绕产品设计、制造、物流、使用、回收利用等全生命周期绿色低碳转型，降低污染物排放，减轻对生态系统的压力，促进自然生态系统稳定平衡。

新质生产力注重发展效能的优质性，采用更高效率的生产方式和资源利用方式，推动传统产业升级转型和绿色新兴产业及未来产业发展，降低成本费用，提高经济效益。同时，效率提升有助于减少能源和原材料的消耗，进一步降低对生态环境和气候的负面影响。

发展新质生产力全面推进美丽中国建设，需要关注如下问题：

一、加快绿色科技创新和先进绿色技术的推广应用。这包括全面深化生态环境领域科技体制改革，构建市场导向的绿色技术创新体系和数字化治理体系，以及建立与美丽中国建设相适应的生态环境科技支撑体系。同时，开展新能源等前沿引领技术储备、关键技术攻关，并积极发展协同治理、深度治理、全过程治理技术成果集成与示范。

二、构建绿色低碳循环经济体系。这需要通过促进新旧动能接续转换，解决我国资源环境生态问题的基础之策，也是加快形成新质生产力的题中之义。要把生态环境作为生产力要素融入现代经济体系，加快推进产业生态化和生态产业化，大力发展战略性新兴产业和未来产业。

三、发挥科技创新引领作用。大力增强科技创新支撑生态环境高水平保护与经济社会高质量发展的能力，坚定不移走创新驱动、科技引领、绿色低碳的生态文明发展道路。加快推动发展方式绿色低碳转型，发展壮大绿色环保产业，形成科技含量高、资源消耗低、环境污染少、气候友好的产业结构、生产方式和消费模式。

四、需要增强产业政策的协同性，坚持生态优先、绿色发展之路。需要从政策、技术、市场等多方面推动产业绿色化发展，有效调动各方积极性，激发劳动、知识、技术、管理、数据和资本等生产要素活力。需要我们在经济发展过程中始终坚持生态环境保护的第一原则，以可持续发展为目标，推动经济社会的高质量发展。需要打造新型绿色劳动者队伍，包括培育能够创造绿色新质生产力的战略型人才，以及能够熟练掌握绿色新质生产资料的应用型人才等，通过提高产业的绿色竞争力，不断满足美丽中国建设的要求。

总之，美丽中国建设需要从发展新质生产力的角度进行系统性的长远规划，需要整合和调动各方资源协同推进。同时，应注重可持续发展，确保经济、社会和环境三者的平衡，实现人与自然和谐共生的目标。

后　记

2024年1月31日习近平总书记在二十届中共中央政治局第十一次集体学习时指出："新质生产力是创新起主导作用，摆脱传统经济增长方式、生产力发展路径，具有高科技、高效能、高质量特征，符合新发展理念的先进生产力质态。"2024年3月5日的《政府工作报告》指出："大力推进现代化产业体系建设，加快发展新质生产力。"从2023年9月在黑龙江考察期间首次提出以来，习近平总书记多次就"发展新质生产力"作出重要论述、提出明确要求、做出深入阐释、指导发展实践。

作为推动高质量发展的内在要求和重要着力点，如何发展新质生产力是必须回答好的时代命题。在新时代的新征程中，我们必须深刻理解什么是“新质生产力”，为什么要发展“新质生产力”以及如何发展“新质生产力”等一系列核心问题。同时，还需要了解发展新质生产力与中国式现代化和高质量发展、发展新质生产力与新兴产业和未来产业发展、发展新质生产力与数字经济创新发展和数字中国建设以及发展新质生产力与美丽中国建设等一系列关系问题。这样才能更好地用新质生产力理论指导发展实践，大力推进现代化产业体系建设，实现我国经济社会的高质量发展。

党的十八大以来，习近平总书记站在统筹中华民族伟大复兴战略全局和世界百年未有之大变局的高度，统筹国内国际两个大局、发展安全两件大事，深刻把握新一轮科技革命和产业变革发展趋势和规律，做出一系列重大部署，指引我国经济社会发展取得了显著成就。当今时代，以新一代信息技术为代表的新一轮科技革命和产业变革加速推进，用新质生产力理论指导经济社会转型是大势所趋。

为此，我们出版了《新质生产力 50 问》一书，希望此书的出版能让广大读者进一步了解新质生产力核心要领、发展路径和深远影响，为全面推动高质量发展、全面建设社会主义现代化国家贡献智慧和力量。《新质生产力 50 问》主要包括“认识与发展新质生产力”“新质生产力与中国式现代化和高质量发展”“新质生产力与新兴产业、未来产业发展”“新质生产力与数字经济创新发展”以及“新质生产力与美丽中国建设”等五个部分。

在本书的编写过程中，感谢中国人民大学中国企业创新发展研究中心李民、锁立赛、王墨竹、刘畅、许灵靖元、单子郁、李鸿民、高楚童、邵语晨、孙紫璇等老师和同学所作出的贡献。

感谢中国工人出版社对本书出版给予的大力支持!

中国人民大学中国企业创新发展研究中心

中国人民大学国企改革与发展研究中心

数字经济产业创新研究院

2024 年 4 月